Leuchtende Hoffnung
- Adventskalender -

Leuchtende Hoffnung

– Adventskalender –

Science Fiction-Roman

Schreibwerk AutorInnengruppe

Inhalt

1. Dezember

Erid hockte in seiner Erdhöhle. Es tropfte von der Decke ins Feuer. Bei dem Gedanken, dass über ihm eine dicke Schneedecke lag und keine Aussicht auf Veränderung bestand, schüttelte er sich.

Sein Holzvorrat ging dem Ende zu; spätestens am Morgen musste er nach oben gehen. Fintenreich hungrigen Wölfen ausweichen auf der Suche nach Brennmaterial, das dann feucht war und ewig brauchte, bis er damit heizen konnte. Er stöhnte, als er daran dachte. Kratzte sich zwischen den dreckigen Zehen. Morgen würde er auch einen Eimer Schnee hereinholen, um eine Katzenwäsche zu veranstalten. Sein Erdbunker stank schon nach ihm. Er rümpfte die lange Nase.

Die Winter wurden immer länger. Jetzt musste ungefähr Anfang Dezember sein – mittlerweile konnte man mit acht Monaten Winter rechnen Dabei war er ein absoluter Sonnenanbeter gewesen, der die Hitze liebte Missmutig betrachtete er seine glanzlose braune Haut.

Von der Decke bröselte Erde auf seinen Kopf herunter. Da marschierten die Bisons wieder über ihm hinweg. Die Horde stampfte, alles vibrierte. Hoffentlich brach die Felsdecke nicht eines Tages ein. Sie würden ihn kurzerhand erdrücken.

Erid griff nach den Nussvorräten und klopfte ein paar Walnüsse mit einem Stein auf. Das Beben hörte auf und er seufzte erleichtert.

Dann bestieg er das Rad, das den Generator antrieb, um Musik zu hören. Während er gegen den Muskelschwund anradelte, lauschte er ergriffen Mozarts Requiem. Er hatte einige Schallplatten und den Plattenspieler hierher geschafft. Viele Nächte war er dafür unterwegs gewesen zwischen seiner Wohnung in der zerstörten Stadt und diesem Platz, der kilometerweit entfernt lag.

Die Höhle hatte Erid durch Zufall beim Wandern entdeckt. Damals lag der Eingang offen. Jetzt hatte er ihn mit Steinen getarnt. Aber immer, wenn er hinaus musste, überfiel ihn die Angst, sein Bau wäre anderweitig bewohnt, wenn er zurückkehrte. Bisher hatte er Glück gehabt.

Der letzte Satz des Requiems war zu Ende. Erid stieg vom Rad, legte sich aufs Bett aus Fellen, blies die Kerze aus.

Am Morgen rüstete er sich, um auf Holzsuche zu gehen. Vielleicht lief ihm auch ein Schneehase über den Weg, den er fangen konnte. Die Nüsse hingen ihm schon zum Hals heraus. Er räumte den Steinhaufen beiseite, der das Loch tarnte, und kroch nach draußen. Das gleißende Weiß ließ Erids Augen tränen. Er schlüpfte in die Riemen, die seine Schneeschuhe unter den Stiefeln hielten und machte sich auf den Weg.

Die Sonne verwandelte das vor ihm liegende Feld in Millionen Glitzerkristalle. Bei dieser Helligkeit würden die Wölfe wohl kaum aus dem Wald herauskommen, um ihn zu jagen.

Vorsichtig näherte Erid sich dem Waldesrand. Keinesfalls hatte er vor, tief hineinzugehen, aber das Bruchholz hier war nur spärlich vorhanden.

Er wagte sich zwei Meter weit zwischen die Bäume, den Blick wachsam auf die entferntere Umgebung gerichtet.

Deswegen übersah er eine Fichtenwurzel und verfing sich mit dem Schneeschuh darin, knallte der Länge nach hin. Als er aufstehen wollte, knickte der Knöchel weg. Den Schmerzensschrei unterdrückte er, biss sich auf die Lippen. Ängstlich blickte er in die Tiefe des Waldes, aber es war alles still geblieben. Er hinkte aufs Feld hinaus – wahrscheinlich hatte er sich ein Band im Knöchel gezerrt. Plötzlich hielt er an. Am Horizont, wo sonst das Blau des Himmels mit dem Schnee eine gemeinsame Linie bildete, war ein merkwürdiges rötliches Leuchten zu sehen.

2. Dezember

Sollte das die Sonne sein? Kündigte sie das nahe Ende des Winters an? Erid vergaß den schmerzenden Knöchel und seine Brust weitete sich bei dem Gedanken an den Frühling. Vielleicht dauerte es nur noch kurze Zeit, bis die Wärme sich wieder für ein paar Monate über der Erde ausbreitete.

„Sonne, ich bete dich an", flüsterte Erid, kniete nieder und hob die Hände.

So ein Blödsinn! Er rappelte sich wieder hoch.

„Wenn mich hier einer sehen könnte, der würde glauben, ich hätte einen an der Klatsche. Im Schnee knien und die Sonne anbeten. Der monatelange Winter hat meinen Verstand eingefroren." Frühling! Ebensolch ein Blödsinn. Es war doch erst Anfang Dezember. Woher sollte da der Frühling kommen?

Sicher, die Welt war verrückt, daran hatte man sich gewöhnt. Kriege, heilige, demokratische und machtgierige, gehörten zum Alltag. Millionen von Menschen waren gestorben, hinzu kamen Erdbeben, Flutkatastrophen und Seuchen. Die Medien hatten jeden Tag die Sterbeziffern gemeldet. Welche Namen standen hinter den Ziffern? Was waren es für Menschen gewesen, welche Wünsche, Hoffnungen, Ängste hatten sie gehabt? Viele von ihnen hatten gebetet. Weder Allah noch der christliche Gott hatten ihre Gebete erhört. Nun lagen sie unter der Erde und könnten sich damit trösten, dass sie nach allen Schrecken, die sie erlebt hatten, diese endlos langen Winter nicht ertragen mussten und nicht die Einsamkeit.

Und er ertrug sie schon seit Jahren. Drei Jahre Einsamkeit und monatelange Winter. Wie oft hatte er die Hoffnung verloren, wenn die Angst kam, dass der Winter nie aufhören würde. Wenn die Wölfe heulten und seine Essensvorräte fast aufgebraucht waren. Und dann wurde es doch wieder Frühling und mit ihm kam die Hoffnung zurück, dass es irgendwo jemanden geben könnte, der einsam war wie er und auf der Suche nach einer menschlichen Begegnung.

Und jetzt dieser Lichtstreifen am Horizont, der immer breiter und immer glühender wurde, als wollte er das Eis und den Schnee wegtauen. Ein Hoffnungsschimmer? Oder stand wieder ein Stück Welt in Flammen? Unwillkürlich schnupperte er, als könne er mit seiner langen Nase aus so weiter Entfernung Brandgeruch wahrnehmen.

Die Luft war klar und frostkalt. Sein Knöchel schmerzte.

3. Dezember

Erid beendete seinen Ausflug in die Gedankenwelt, stand auf und ging beladen mit dürren Ästen den Weg zurück zu seiner Höhle.

Plötzlich raschelte es nicht weit entfernt. Schnell duckte er sich hinter einen Felsvorsprung und legte die Zweige auf den Boden, ohne viel Geräusch zu verursachen. Ängstlich wagte er einen Blick hinüber zum Tannenwald.

Die Bäume waren längst nicht mehr grün. Vertrocknet, abgestorben, standen sie dicht aneinander gereiht und bildeten einen düsteren Kontrast zum Schnee. In der Ferne bewegte sich ein Schatten in dem rot leuchtenden Panorama.

Er kniff die Augen zusammen, um besser zu erkennen, was sich auf ihn zu bewegte. Ein Wolf! Angespannt drückte er sich dichter an den Stein; hoffentlich hatte der Wolf ihn noch nicht gewittert. Er fror, versuchte seine Hände zu reiben, die Zehen zu bewegen. Unendlich lange hockte er da.

Sollte er sich trauen, nochmals hinüber zu schauen? Er beugte sich vor. Erschrak und fiel rückwärts in den Schnee. Der Wolf stand unmittelbar vor ihm und taxierte ihn aus seinen gelbgrünen Augen.

Erid schluckte heftig; sein Herz raste. Minuten vergingen, bis er wagte, sich aufzurichten. Der Wolf ging einen Schritt zurück und legte sich in den Schnee. Neben ihm färbte sich die weiße Fläche langsam rot. Der Wolf war verletzt.

Hatte er ihn aufgespürt, dass er ihm helfe? Er kramte in seinen Erinnerungen: Wurden verwundete Wölfe aus dem Rudel ausgestoßen? Er war sich nicht sicher; es war lange her, zu viel an Grausamkeiten in all den Jahren passiert; die Einsamkeit hatte ihn vergessen lassen.

Er stand auf, ging langsam auf den Wolf zu und kniete sich neben ihn. Er legte sich auf die Seite und schnaufte heftig dabei. Am Bauch hatte er eine größere Wunde.

„Ganz ruhig, wir gehen zu meiner Höhle. Steh auf!" Als er sich selbst erhob, spürte er einen dumpfen Schmerz in den Zehen und einen Stich im Knöchel. Der Wolf blieb mit geschlossenen Augen liegen.

Da bückte er sich, schob seine Hände unter das Tier und hob es hoch. „Das Holz kann ich später holen." Er beobachtete den Wolf, als erwarte er eine Reaktion.

Auf den letzten Metern schien der Wolf an Gewicht zuzunehmen. In die Knie gedrückt gelang es Erid trotzdem, ihn in die Höhle zu tragen und legte ihn auf einen mit Stroh bedeckten Platz. Schnell zündete er mit dem verbliebenen Holz ein Feuer an, holte Schnee und ließ ihn in einem Topf schmelzen. Als das Wasser heiß genug war, zerriss er ein Laken, tauchte es hinein und wusch die Wunde aus. Der Wolf öffnete die Augen, stöhnte, versuchte sich zu bewegen, wurde aber gleich wieder bewusstlos. Erid legte ihm getrocknete Heilkräuter aufs Fell und wickelte dann den Rest des Laken fest um seinen Bauch.

Erst jetzt betrachtete er das Tier in seiner gesamten Länge. Ein Weibchen. Das Fell war gräulich; ein schönes Tier! Er streichelte den Nacken der Wölfin. Auf einmal stieß er auf einen harten Gegenstand. Er beugte sich tiefer, schob das Fell leicht auseinander. Etwas Rotes schimmerte ihm entgegen. Es hing an einem Lederband.

Vorsichtig öffnete er den Knoten, zog es unter der Wölfin hervor und ging zum Höhleneingang, um es besser erkennen zu können. In seiner Hand lag ein sternförmiger roter Stein, er glitzerte wie der Himmel zuvor in der Ferne. Er hielt den Anhänger höher ins Licht und erschrak. In seinem Inneren schien sich etwas bewegen. Zudem waren Buchstaben darauf eingraviert. Er kniff die Augen zusammen, um sie zu erkennen.

4. Dezember

Langsam las er: H o f f n u n g s s t e r n.
Was hatte das zu bedeuten? Ein roter Hoffnungsstern? Wurde früher nicht immer gesagt, die Hoffnung sei grün? Und wie lange war es her, dass dieses Wort einen Wert hatte? Hoffnung! Pah!

Erid schob den Stein in die Hosentasche, ging zurück in die Höhle und sah nach dem Tier, das mit gleichmäßigen Atemzügen schlief. Dann machte er sich auf den Weg, um das Feuerholz zu holen.

Immer noch glühte der Horizont. Rasch schritt Erid voran, sein Knöchel hatte sich beruhigt und eine seltsam frohe Stimmung erfüllte ihn. Endlich nicht mehr so allein! Ihm wurde warm. Er summte vor sich hin, während er am Waldesrand gefrorene Äste von den Bäumen brach.

Mit einem großen Bündel Holz kehrte er in die Höhle zurück. Die Wölfin blickte ihn mit funkelnden Augen an, fiepte und bewegte die Rute, als er eintrat.

Erid lächelte. „Hope!" Er legte das Bündel neben die Feuerstelle. „Hope, du bist meine Hoffnung. So werde ich dich nennen."

Mit langsamen Bewegungen näherte er sich dem Tier. Er hockte sich neben Hope und streckte ihr die Hand entgegen. Sein Herz platzte fast vor Glück, als sie mit ihrer rauen Zunge seine Handfläche leckte. „Hope", flüsterte er ergriffen.

An sie gedrückt schlief Erid ein.

Am nächsten Morgen war Hope sichtlich erholt. Erid untersuchte die Wunde, die sich geschlossen hatte.

„Wollen wir das Glühen erforschen? Was meinst du?"

Hope lief unruhig auf und ab.

Als sie vor die Höhle traten und loswanderten, blieb Hope an seiner rechten Seite. Das Licht vor ihnen glühte nun weniger intensiv – ein schmaler rosaroter Streifen.

Nachdem Erid und Hope an die zwei Stunden über die sanfte Hügellandschaft gelaufen waren, hatte er den Eindruck, verfolgt zu werden.

5. Dezember

Erid ging weiter und lauschte. Er wagte nicht sich umzudrehen. Zu groß war seine in den Jahren antrainierte Furcht. Nur keine Angst zeigen, Feinde witterten die Angst. Gleichzeitig flammte in ihm aber die Gewissheit auf, dass hinter ihm keine Gefahr lauerte. Erstaunlich, dass er dieses Gefühl nach all den Jahren der Hoffnungslosigkeit erkannte.

Hope folgte ihm knurrend, widerwillig, und berührte sein Bein. Langsam drehte sich Erid um. In einer Linie folgten ihnen eine Hand voll Gestalten in aufrechtem Gang. Sie waren von Kopf bis Fuß in Felle gehüllt; es war nicht zu erkennen ob es sich um Steinzeitmenschen, Menschen aus Erids Jahrhundert oder Fabelwesen handelte, ob Mann oder Frau.

Als Erid seinen Schritt verlangsamte, wurden auch sie langsamer, beschleunigte er, beschleunigten auch sie.

Hope knurrte noch immer. Erid verharrte und versuchte sie zu beruhigen, strich ihr durch das warme Fell, das Tier zitterte aufgeregt unter seiner Hand. Hinter ihnen summten die Gestalten in tiefen Tönen, so tief, dass die Töne Erid bis in die Eingeweide drangen, aber sie näherten sich nicht.

Hope schnupperte und zerteilte mit ihrer Schnauze den Schnee vor sich. Dann grub sie mit den Vorderbeinen. Der Schnee flog in alle Richtungen, sie scharrte immer heftiger und versank bald ganz im Loch. Erid wartete, den Hoffnungsstern fest im Griff. Eine unterirdische Höhle? Eine Quelle, ein Durchgang ins Land der Sonne?

Er lächelte und drehte sich zu den summenden Gestalten um. Sie hatten sich auf Äste gestützt, ihre Gesichter waren fast vollständig von Haaren und Fellen geschützt, Erid blickte in dumpfe Augen. Augen ohne jede Hoffnung. Die Äste gaben den Gestalten den letzten Halt, damit sie nicht umsackten und im Schnee für immer einschliefen.

Erid befiel Panik. Seine Vorräte hatte er in der Höhle gelassen. Er würde zehn Wesen beim Sterben zusehen müssen und Hope grub gerade das Grab. Das war schlimmer als die Jahre der Einsamkeit in der Höhle. Das war der Blick in die Hölle.

Aus den Tiefen der Schneegrube klang Hopes Fiepen zu ihm. Es steigerte sich zu einem Jaulen, bis Erid schließlich hinunterstieg. Darum also hatte die Wölfin genau an dieser Stelle zu graben begonnen.

6. Dezember

Hope stand auf einer Kiste und daneben befand sich eine zweite. Erid öffnete die Kisten. Da drin lagen gedörrte Früchte, Zwieback, getrocknetes Brot und Käse sowie Schokolade. Er füllte seine Taschen und kletterte nach oben. Er ging auf die summenden Gestalten zu, hielt ihnen das Brot und die Früchte hin. Und die Schokolade. Da war es, als zöge jemand den trüben Schleier von ihren Gesichtern und ihre Augen fingen an zu leuchten. Sie nahmen die Geschenke, aßen, und in ihre Körper kehrte das Leben zurück. Erid zeigte ihnen die beiden Kisten in der Schneegrube. Sie lachten und umarmten einander. Dankten Erid mit Worten, die er nicht kannte, doch ihre Freude und das Glück waren unmissverständlich. Sie hörten nicht auf zu summen. Aßen, tanzten und lachten.

Erid und Hope gingen weiter. Das Lachen hinter ihnen wurde leiser und bald waren sie wieder allein. Plötzlich blieb Hope stehen und knurrte. So weit das Auge reichte, keine Menschenseele und kein Tier. Weit vor ihnen lag ein Tannenwald. Schneeflocken fielen. Eine scharfe Brise peitschte sie auseinander.

Hope stand da mit gesträubten Nackenhaaren. Ihre gelbgrünen Augen glühten. Sie witterte, knurrte jedoch nicht mehr und ging ein Stück vorwärts. Erid stand wie erstarrt. War ein Geist in der Nähe? Konnten Wölfe Geister riechen?

Hope blieb stehen. Leise fing sie an zu winseln, sie schien sich an etwas zu drängen, setzte sich in den Schnee und senkte den Kopf. Erid vergaß für Sekunden zu atmen. Hope legte sich auf die Erde und ihr Fell wurden niedergedrückt, als striche ihr jemand darüber. Was ging da vor sich? Warum hatte die Wölfin sich hingelegt? Jetzt schloss sie die Augen.

„Hope!" Erid war mit wenigen Schritten bei ihr. Er kniete neben ihr nieder und streichelte sie. Da packte jemand seine Hand und eine dunkle Stimme sagte: „Ich habe dir die Hoffnung geschickt, damit sie dich ins Leben zurückbringt. In ein Leben, in dem die Wahrheit gilt und die Heuchelei keinen Platz hat."

„Wer bist du?" Erid stand auf und tastete nach einem, den er nicht sehen konnte.

„Ich bin, der ich bin", war die Antwort des unsichtbaren Wesen.

„Mein Gott." Erid rieb sich die Augen. War er verrückt geworden? Hörte er Gespenster?

„Ich habe deine Gedanken vernommen, habe gehört, wie du über die Religionen, die Kirchen geschimpft hast. Ja, oft haben die Kirchen falsche Botschaften in die Welt gesandt. Botschaften, die weder ich noch die Propheten verkündeten. Kriege sind geführt worden in meinem Namen. Sinnlose Kriege. Man hat meinen Namen missbraucht."

„Wenn du Gott bist, von dem es heißt, er sei allmächtig, warum hast du die Kriege nicht verhindert? Warum hast du das Leid der Menschen und Tiere zugelassen? Warum hast du zugelassen, dass die Erde verwüstet wird? Warum?"

Der Unsichtbare schwieg.

„Warum?" Erid boxte mit beiden Fäusten in die Luft, als wolle er den Unsichtbaren treffen.

„Ich habe den Menschen die Freiheit gegeben, sich für Gut oder Böse zu entscheiden", sagte der Unsichtbare.

„Gott, du machst es dir zu leicht! – Du hast den Menschen die totale Freiheit gegeben, aber nicht die Besonnenheit, um mit dieser Freiheit verantwortungsbewusst umzugehen."

„Ich habe dem Menschen die Vernunft gegeben, dadurch unterscheidet er sich von allen anderen Wesen auf der Erde."

„Und warum sind die Menschen unvernünftig? Steckt der Teufel dahinter? Bist du gegen den Teufel machtlos?" Der Zorn vieler Jahre schäumte in Erid hoch. „Gott, du hast die Menschen im Stich gelassen."

Da wurde der Himmel schwarz. Dumpf grollte Donner.

Erid schaute nach oben. „Ist das die einzige Antwort, die dir einfällt?"

Ein eisiger Windhauch schnitt ihm ins Gesicht. Hope kam zu ihm, leckte seine Hand und nahm sie zwischen ihre Fänge. Sie zog ihn fort zum Tannenwald.

Hinter ihnen braute sich ein zorniges Unwetter zusammen. Blitze und Donner jagten sie. Erid rannte, sie mussten den schützenden Wald erreichen. Nur noch wenige Meter. Doch plötzlich prallte er gegen eine Wand. Eine unsichtbare Wand, die so hart war, dass er sich den Kopf daran stieß. Der Schmerz trieb ihm Tränen in die Augen.

Aber das Unwetter war vorbei. Hope winselte und rieb ihren Kopf an Erids Bein. Erid drehte sich um.

Langsam trieb es auf ihn zu.

Am Horizont glühte der goldrote Streifen.

7. Dezember

Erids Gesicht brannte vom Aufprall an die Wand. Immer noch benommen starrte er auf das Ding. Abwehrend hob er die Arme.

Ein brennender Dornbusch rollte auf ihn zu, angetrieben vom Wind. Wie konnte so etwas angehen? Mitten im Schnee Feuer!

Ihm wurde heiß. Er zwang sich, die Kleidung anzubehalten. Voller Angst presste er sich an die unsichtbare Wand; langsam sank er in die Knie. Es roch angesengt. Hope wühlte sich winselnd eine Höhle. Das Feuer fraß zischend den Schnee; Dunst stieg auf.

„Erid, gib nicht auf. Du bist unsere Hoffnung." Er zuckte zusammen, als er Irins Stimme hörte. Wie lange war es her. „Folge Hope, folge deinem Gewissen", sagte Irin.

Dann erlosch das Feuer. Erid griff in die Asche. Tränen tropften in den Schnee. Wie lange war es her? Irin, sein Mädchen, seine Liebe.

Hope stupste ihn an. Als er nicht reagierte, leckte sie die salzigen Tränen von seinem Gesicht.

Mühsam richtete Erid sich auf. Mit einer Hand tastete er sich an der Wand lang. Dicht an ihn gedrängt lief Hope.

Es war völlig still, so still, dass er sein Gewissen hörte. Wie viel Schuld hatte er in den paar Jahren seines Lebens auf sich geladen? Vielleicht war das Aussterben der Menschen die einzige vernünftige Lösung?

„Nein!" Entsetzt blieb er an einem Abhang stehen: Im Flusstal die Ruinen von drei Städten. Ausradiert bis auf wenige verfallene Gebäude. Riesige Schutthaufen ohne Leben.

Er verfluchte die gute Sicht und trat gegen ein Schneebrett. Ungerührt sah er der Lawine zu, die ins Tal stürzte. Aber dann ließ er sich in den Schnee fallen und vergrub sein Gesicht in Hopes Fell.

Sie winselte und zog mit den Zähnen an seinem Ärmel. Er raffte sich auf und folgte ihr mit müden Schritten zurück, vorbei an dem verbrannten Dornbusch.

Müde schleppte er sich weiter. Hope knurrte, ihr Fell stellte sich auf. Schatten huschten vorbei; umkreisten sie: Wölfe!

Laut knurrend stürzte Hope sich auf den vordersten.

„Nein, Hope, komm zurück!"

Schon hatte sich Hope in ihn verbissen. Erid schaute sich nach einer Waffe um. Wo hatte er den Knüppel verloren?

Die Wölfe zogen den Kreis immer enger. Der Wolf vor ihm hatte fünf Läufe, einem anderen Wolf fehlte der Schwanz und der dritte hatte einen merkwürdig runden Kopf.

Erid bückte sich, formte harte Schneebälle und bewarf damit einen Wolf. Er wich etwas zurück; Erid knetete und warf.

Hope biss in der Zwischenzeit den Anführer tot. Sie ließ ihn liegen und stürzte sich auf den nächsten Angreifer. Während die beiden kämpften, näherten sich die anderen vorsichtig dem toten Tier und begannen zu fressen.

Hopes Gegner flüchtete mit lautem Gejaule. Sie setzte hinterher, kehrte aber zurück, als Erid sie rief. Die beiden anderen Wölfe zogen ihren Anführer mit sich und verschwanden.

Erid gönnte sich eine kurze Verschnaufpause. „Danke, Hope!" Er tätschelte ihren Kopf.

Ein leichter Wind setzte ein, trug ihm eine Melodie zu.

8. Dezember

Erid lauschte. Ein Gefühl erwachte in ihm, tief in seinem Herzen. Sehnsucht. Diese Melodie war ihm vertraut, doch er wusste nicht, woher. Tränen traten ihm in die Augen: Wenn er zum Ursprung dieser Musik gelangte, würde alles gut.

Mühsam stapfte er ins Tal hinunter. Er kämpfte sich durch Schneewehen und Eisfelder, und mit jedem seiner Schritte lockte ihn die Melodie mehr. Sie drang in seine Seele, durchflutete sein Herz und trieb ihn weiter, obwohl seine Füße bereits taub waren und die Augen wund vom eisigen Wind. Schließlich erreichte er das steinige Flussufer.

Endstation.

Wie eine schäumende Straße lag der Strom vor ihnen; unüberwindbar, denn das giftig grüne Wasser ließ kein Leben zu.

„Und was jetzt?" Erid verzweifelte. „Wohin soll ich gehen?" Erschöpft sank er in den Schnee. Wozu das alles? Warum hatte er sich das alles angetan, diese Strapazen, diese Entbehrungen, wenn sein Weg hier im Nirgendwo enden sollte? Und was sollten dann all die Zeichen, die ihn immer weiter getrieben hatten? Die Stimme Irins, die als Echo in seiner Erinnerung widerhallte; der brennende Dornenbusch, von dem er in einer alten Legende gehört und deren Sinn er vergessen hatte; oder der Geist des rätselhaften Alten und nicht zuletzt die wundersame Melodie. Warum hatte ihm all das die Kraft gegeben, hierher zu gelangen, wenn es hier zu Ende war?

„Was willst du noch von mir?" Er schrie und der Sturm riss die Worte von seinen Lippen.

Da spürte er plötzlich warme Nässe an seinen steif gefrorenen Fingern. Hope leckte ihm zaghaft die Hände und blickte winselnd zum anderen Flussufer hinauf.

„Hope, meine Hoffnung", seufzte Erid. „Es ist vorbei. Unser Weg ist zu Ende."

Doch Hopes Winseln wurde drängender. Schließlich nahm sie seinen Ärmel zwischen ihre Fänge und begann daran zu ziehen. Erid rappelte sich schließlich auf und gab ihrem Zerren nach.

Sie führte ihn immer weiter am Ufer entlang bis zu einer Stelle, wo harschverkrustete Felsen aus dem Flussbett ragten.

Dort war das Wasser flacher und ruhiger und Erid schöpfte neue Hoffnung. „Hier hinüber?"

Hope stieß ihn aufmunternd in die Seite.

Erid schloss die Augen und ließ sich von der Melodie tragen. Dort wartete etwas auf ihn, das dieser Wanderung einen Sinn gab. Ein letzter Blick zurück, dann setzte er seinen Fuß auf den ersten Felsen.

Vorsichtig balancierte er von Stein zu Stein, wagte kaum zu springen. Mehr als einmal war er in Gefahr, den Halt zu verlieren und in die giftige Brühe zu stürzen, doch zu guter Letzt erreichte er unversehrt das andere Ufer.

Hope bereitete der Fluss weit weniger Probleme, sie sprang behände von Felsen zu Felsen und landete schließlich mit einem wohl gezielten Satz zu seinen Füßen.

Es wurde Nacht und das Mondlicht erhellte vor ihm ein riesiges Schneefeld, ohne irgendeinen Hinweis auf Leben. War das sein Weg? Geradewegs hinein in diese konturlose weiße Wüste, die ihm weder Schutz noch Nahrung bieten würde?

Seine Vorräte gingen langsam zur Neige, er war erschöpft und durchgefroren bis ins Mark, doch diese Melodie, sie lockte ihn weiter.

Er kraulte Hope hinter den Ohren und machte sich auf den Weg.

9. Dezember

So lange der Mond schien, zeichneten sich ihre Körper als riesenhafte Schatten auf dem Schneefeld ab. „Wir sind Monster, Hope, nichts als monströse Ausgeburten, Weltzerstörer."

Von Zeit zu Zeit brach sein Stiefel in die verharschte Oberfläche ein; er musste achtgeben, den angeschlagenen Knöchel schonen. Die weiße Fläche schien kein Ende zu haben, allmählich packte Erid wieder die Verzweiflung.

„Nein!" Sein Schrei richtete nichts aus gegen die Stille um sie. Er streckte seine Arme aus, als wollte er den Himmel umarmen und schrie noch einmal: „Nein!"

„Was schreist du so?"

Erid fuhr herum. Eine weibliche Stimme; aber es war niemand zu sehen. „Wo bist du?" Seine Zähne schlugen aufeinander – vor Kälte? Ein paar Meter vor ihm tauchte ein Wesen auf wie ein Geist. Er stolperte auf die Gestalt zu.

Eine Frau, tatsächlich. Sie kicherte. „Du konntest mich nicht sehen." Schon war sie wieder verschwunden. Aber aus der Nähe erkannte Erid, wie es funktionierte. Sie trug ein schneeweißes Cape. Schloss sie es, wurde die Frau unsichtbar. Schlug sie es auseinander, kam das dunkle Kleid darunter zum Vorschein. Erid lachte auf.

Hope schnüffelte mit verhaltenem Knurren an der Frau, die Koseworte murmelte. Aber dann rieb die Wölfin ihren Kopf an deren Schenkel.

„Geht ja", sagte die Fremde und wandte sich an Erid: „Willst du jetzt erfrieren oder mitkommen?"

Sie drehte sich um und er folgte, während Hope zwischen ihnen beiden hin und her lief.

Erids Augen tränten. Die Flüssigkeit fror an seinem Gesicht fest. Er kämpfte damit, nicht umzufallen und liegen zu bleiben und nahm kaum noch etwas wahr. Als die Frau stehen blieb, lief er in sie hinein.

„Hoppla!", rief sie und war weg.

„Hallo?" Verwirrt sprach Erid ins Nichts.

„Kommt schon rein."

Er stand vor einem Iglu. Von innen schob die Frau ein weißes Tuch zur Seite und er kroch hinein.

Die Wärme kam so plötzlich, dass sein ganzer Körper zu glühen begann. Aufstöhnend sank er auf einem Fellhaufen.

Die Frau kicherte. „Ungewohnt, was? Ich bin Samira; und du?"

„Erid."

Samira schlug die Kapuze zurück und legte das Cape ab. Sie war mindestens achtzig. Wie überlebte sie nur?

„Was ist? Zieh dich aus, du stinkst, jetzt, wo dein Blut auftaut. Kannst gleich baden, das Wasser ist schon warm."

Ungläubig blickte Erid sich um. An der rückwärtigen Wand stand eine richtige Badewanne, über der eine dünne Dunstschicht schwebte.

Samira warf Hope ein Stück Fleisch hin, das die Wölfin sogleich verschlang.

„Ganz ausziehen", sagte sie und Erid beeilte sich, die Kleiderschichten abzulegen.

Hope spitzte die Ohren, weil er laut stöhnte, als er in das warme Wasser stieg.

„Gut." Samira reichte ihm ein Stück Kernseife. „Runter mit dem Dreck."

Aus einer Kiste nahm sie eine Pfanne. Dann holte sie aus einer Nische nahe dem Eingangsbereich in Rinde eingeschlagene Päckchen und schnitt mehrere Stücke von deren Inhalt ab. – Mit der Pfanne und den Stücken ging sie hinaus.

Bald drang der köstliche Geruch von gebratenem Speck in den Iglu. Erid lief das Wasser im Mund zusammen und sein Magen schmerzte. Er wusch sich ausgiebig. Samira kam zurück und warf ein Handtuch in seine Richtung. „Fest rubbeln, damit es keine Frostbeulen gibt."

Aber Erid war bereits trocken; was für ein Gefühl!

Samira brachte ihm einen Trainingsanzug. Als er angezogen auf den Fellen saß, reichte sie ihm einen Teller. Knusprige Speckscheiben mit einer Art Pfannkuchen und gerösteten Nüssen.

„Jetzt werde ich gleich aufwachen, erfroren im Schneefeld."

„Spinn nicht herum, iss", brummelte Samira. Sie ging zur Wanne und zog den Stöpsel.

Mit vollen Backen nuschelte Erid: „Wohin leitest du das Wasser ab?"

„Das Rohr spült die Latrine draußen durch."

Waren Frauen wirklich um so viel findiger als Männer? Erid schüttelte den Kopf vor Erstaunen.

Nach dem Essen ruhten beide auf den Fellen, Hope hatte den Kopf auf Samiras Bein gelegt.

„Ich bin einer Melodie gefolgt. Hast du sie auch gehört, Samira?"

„Einer Melodie?" Sie sah ihn an, als sei er nicht ganz bei Trost. „Deswegen hast du deine sichere Höhle verlassen?"

„Es geschieht etwas." Erid deutete mit dem leeren Teller nach draußen; Hope reckte sich schnüffelnd danach. „Dieses Licht – das ist keine brennende Stadt."

Sie nickte. „Deswegen habe ich mich so weit vom Iglu entfernt."

„Wollen wir morgen gemeinsam nach dem Ursprung Ausschau halten?"

Samira nahm ihm den Teller ab. „Ja, ich begleite dich."

Sie ordnete die Felle und löschte die Kerzen. Es wurde still im Iglu.

Aber die Melodie tönte zart durch die Nacht.

10. Dezember

„Erid, wach auf! Es ist Zeit zum Aufbruch."

Er öffnete die Augen.

Samira hielt ihm seine Kleidung entgegen, da fiel etwas auf den Boden. Sie bückte sich und hob es auf. „Wo hast du das her?"

Erid sprang auf.

„Woher kennst du ihn?" Er zog sich an.

„In meiner Jugend habe ich darüber gelesen, er wird von Generation zu Generation weiter gereicht und es existiert ein Gegenstück. Der zweite trägt den Namen: Vertrauen." Sie drehte den Stern in ihren Händen, dann hob sie ihn an und blickte hinein. „Hast du gesehen, im Inneren bewegt sich etwas. Es sieht aus… Ach nein, das kann nicht sein." Samira reichte Erid den Stern. „Wo hast du ihn gefunden?"

„Hope trug ihn um den Hals, als ich sie fand." Er knöpfte sich die Jacke zu, zog die Mütze über.

Die alte Frau wandte sich ein Stück von ihm ab und kramte unter einem Regal. Kurz darauf zog sie einen Schnürsenkel heraus und reichte ihn Erid.

„Was soll ich damit?" Er sah sie erstaunt an.

„Häng den Stern Hope wieder um. Sie wird uns führen, ohne dass wir Umwege gehen oder uns verlaufen."

Als hätte die Wölfin Samira verstanden, erhob sie sich vom Schlafplatz, reckte ihren Körper und gähnte. Dann setzte sie sich vor Erid und streckte ihm erhaben den Kopf entgegen. Erid befestigte den Stern und band ihn ihr um. „Gut gemacht, Hope." Er streichelte ihr übers Fell.

„Komm, es wird Zeit, dass wir gehen." Samira griff nach einem Korb und stellte ihn vor das Iglu. „Damit wir unterwegs nicht verhungern."

Schnell schnürte Erid sein Bündel und sah sich ein letztes Mal um. Sein Blick fiel auf ein Foto an der Wand, das ihm am Abend nicht aufgefallen war. Er ging einen Schritt näher.

In dem Moment legte Samira ihre knochige Hand auf seinem Arm. „Lass uns gehen", mahnte sie.

Aber Erid blieb stehen, versuchte weiterhin, die Person auf dem Bild zu identifizieren. Samira stellte sich in sein Blickfeld, sah ihm in die Augen. „Dafür hast du später Zeit. Komm!" Sie schubste ihn nach draußen.

Gemeinsam verließen sie den Iglu. Hope wartete vor dem Eingang.

„Hope!", sagte Samira. Die Wölfin sprang auf. „Zeig uns den Weg." Es sah aus, als würde Hope nicken. Sie schnupperte in alle Windrichtungen, nieste. Dann spitzte sie die Ohren. Ihr linkes Ohr zuckte heftig.

Dann lief Hope anmutig los, gen Westen.

„Mir kommt es vor, als würde mich die Melodie nach Osten ziehen", flüsterte Erid Samira zu.

„Träumst du noch, Erid?" Kopfschüttelnd legte sie ihren Finger auf den Mund. „Psst. Hope weiß, wohin sie uns führt, wir brauchen ihr nur zu folgen."

Er nickte schließlich und packte den Korb. Hope lief einige Meter voraus; Erid passte sich Samiras Schritt an.

Langsam ging die Sonne auf und der rot glitzernde Schimmer wurde durch ihre Strahlen schwächer. So, wie Hope sie führte, schienen sie sich davon entfernen, auch die Melodie war leiser geworden.

Stundenlang wanderten sie über ein Schneegebiet ohne Vegetation. Samira schützte sich mit einem durchsichtigen Tuch über den Augen vor der weiß reflektierenden Landschaft. Erid kniff die Augen zusammen, um nicht geblendet zu werden.

Dann tauchte weit entfernt ein dunkler Schatten am Horizont auf. Es konnte ein Haus sein. Er blieb stehen, legte die Hände zum Schutz vor die Stirn und sah genauer hin.

„Siehst du etwas? Meine Augen taugen nichts mehr, ich erkenne nichts."

„Ich glaube dort drüben steht ein Haus." Er wies mit der Hand in die Richtung.

„Kannst du die Entfernung schätzen?"

„Zwei, drei Kilometer." Plötzlich erhielt er einen Stoß ans Bein. Hope stand neben ihm und schubste.

„Was willst du?" Er beugte sich zu ihr hinunter.

Sie machte einen Satz und spurtete davon.

„Wo willst du hin? Du gehst in die falsche Richtung!", rief er hinter ihr her. Er wandte sich an Samira. „Und jetzt? Das Haus liegt vor uns, es wäre eine geschützte Unterkunft für die Nacht."

Sie drückte seinen Arm. „Vertraue ihr, Erid." Dann stiefelte sie hinter Hope her.

Erid schüttelte den Kopf, atmete tief durch, blieb auf der Stelle und schaute gebannt zum Haus hin. Bald durchzog eisige Kälte seinen Körper, er fing an zu zittern.

Da eilte er Samira hinterher. „Wartet auf mich!" Weder sie noch Hope schienen ihn zu hören. „Halt! Lasst mich nicht zurück!" Er stampfte eilig durch den Schnee, versank immer wieder bis zur halben Wade.

Er schien auf der Stelle zu gehen; es war kein Weiterkommen und die beiden vor ihm entfernten sich immer mehr. Erschöpft ließ er sich auf die weiße Erdoberfläche sinken, schloss die Augen.

Durch ein blitzartiges Funkeln, das vor seinen Lidern tanzte, schrak er auf. Dabei erblickte er Umrisse des Bildes, das in Samiras Iglu an der Wand hing. Unsagbare Wärme ging durch seinen Körper, legte sich um sein Herz.

Hoffnungsvoll stand er auf und schritt langsam in Richtung der beiden Gestalten, die am Horizont immer kleiner wurden. „Ich geb nicht auf!" Er ballte die Hände. „Jetzt erst recht nicht!"

Als es dämmerte, hatte er sie eingeholt. Samira saß an einem lodernden

Feuer und Hope kaute an einem Stück getrocknetem Fleisch. Sie sah nur kurz auf, als er auf sie zuschritt.

„Wo warst du so lange?" Samira hielt ihm eine Tasse entgegen. Duft von frischem Kräutertee stieg ihm in die Nase. Ohne zu antworten nahm er dankend an, setzte sich neben sie.

„Wer ist das auf dem Foto in deinem Iglu?", fragte er.

11. Dezember

Samira senkte den Kopf. Sie warf den letzten Zweig ins Feuer, den sie auf ihrem langen Weg gesammelt hatte. Dann räusperte sie sich. Ungeduld machte sich in Erid breit, zur Beruhigung streichelte er Hopes Kopf.

Endlich blickte Samira auf. Ihr Gesichtsausdruck spiegelte die Überwindung, die es sie kostete, ihm zu antworten. Gespannt hing er an ihren Lippen.

„Das ist meine Enkelin." Ihre Augen waren mit Tränen gefüllt.

Erid schluckte. „Aber …"

Samira wehrte die Unterbrechung mit einer Handbewegung ab. „In den Städten herrschten Aufstände, kaum einer hatte Arbeit, in den Rinnsteinen stapelte sich Unrat, die Industrie hatte das Wasser verseucht. Die Menschen wurden krank; unzählige starben, entstellt an einer seltsamen Krankheit. Mein Mann, unsere Tochter, ihr Ehemann und Ariadne, meine Enkeltochter – gemeinsam flohen wir aus der Stadt. Gutgläubig hofften wir in den Wäldern Zuflucht zu finden und verschont zu bleiben. Wir gruben uns Erdlöcher, lebten darin. Doch immer wieder kamen sie nach einiger Zeit, die Gestalten. Verseuchte Menschen.

Aus Angst uns anzustecken, griffen wir dann, was wir tragen konnten. Den Rest ließen wir zurück. Somit verloren wir von Mal zu Mal mehr von unserer Habe." Sie trank einen Schluck Tee.

Erid gab keinen Ton von sich, mechanisch streichelte er weiterhin Hope. Seine Muskeln waren angespannt, Erinnerungen stiegen in ihm auf. Gedanken an seine eigene Flucht, an den schmerzlichen Verlust von Irin, seiner Liebe. Er versuchte die Bilder durch Kopfschütteln zu verscheuchen.

Samira achtete nicht auf ihn, schaute ins Feuer. „Wir kamen an einen Bach. Grünbräunliches Wasser strömte zu unseren Füßen. Die Pflanzen am Ufer waren abgestorben, kein Leben zu finden. Tote Fische trieben stromabwärts. Uns waren die Lebensmittel ausgegangen, wir hatten kein frisches Wasser. Der Winter stand vor der Tür. ‚Wir müssen über den Fluss', sagte meine Tochter und suchte nach einer Stelle, wo wir hinübergehen konnten. Wir stießen auf einen quer gelegten Baumstamm, der geeignete Weg. Ich ging mit Ariadne voraus. Als wir das gegenüberliegende Ufer erreicht hatten, folgte der Rest der Familie. Sie liefen über den Stamm, hielten sich an den Händen. Auf einmal stürmten Gestalten aus dem Nichts. Vermummt bis auf ihre Augen, aus denen gelbe Flüssigkeit tropfte. Sie gaben gutturale Töne von sich. Ich schrie, doch es war zu spät. Die zum Sterben verdammten Menschen brachten den Baumstamm mit Tritten ins Wanken. Meine Tochter gab mir noch ein Zeichen, wegzulaufen. Dann ging sie, gemeinsam mit den beiden Männern, im verseuchten Fluss unter." Samira hielt sich die Hände vors Gesicht und weinte still.

„Und deine Enkelin?"

Sie zuckte mit den Schultern. „Ich habe sie seitdem nicht mehr gesehen."

Erid kauerte sich neben sie, berührte sie sanft an der Schulter. „Es tut mir leid", flüsterte er.

Sie blickte auf. „Du hast doch auch einen Menschen verloren, oder?"

Erid zuckte zusammen. „Kannst du in mein Innerstes sehen?"

„Nicht in deins, doch ins Innere des Hoffnungssterns. Ich sagte dir doch, etwas bewegt sich in ihm. Es ist eine Frau, wunderschön, in bunten Kleidern gewickelt. Ihre Arme sind ausgestreckt, sie versucht etwas zu …"

„Hör auf!" Erid sprang hoch und hielt sich die Ohren zu. Er entfernte sich ein Stück vom Lager. Hope war sofort an seiner Seite.

Erid ließ sich in den Schnee fallen, trommelte mit den Fäusten darauf, schrie: „Ich wollte sie nicht zurücklassen. Vor Schreck erstarrt stand ich da. Nach Hilfe schreiend, streckte sie ihre Arme nach mir aus. Irin lag am Boden, an ihren Beinen zogen die Gestalten sie immer weiter von mir weg. Dann hörte ich sie rufen: ‚Lauf, Erid, lauf und gib deine Hoffnung niemals auf!' Als wäre es ein Befehl, drehte ich mich weg und rannte davon, ohne zurückzublicken. Ich war schon weit entfernt, da vernahm ich einen letzten herzzerreißenden Schrei. Dann wurde es totenstill. Doch ich blieb nicht stehen, lief, bis die Lunge schmerzte, meine Beine mich nicht mehr trugen. – Tage später fand ich die Höhle, in der ich drei Jahre lebte. Mit Furcht, bei jedem meiner Schritte, dass sie mich finden würden." Er sank erschöpft zusammen. Hope legte sich über seinen Körper und wärmte ihn.

Samira starrte ins Feuer. „Keine Angst, Erid, du wirst deine Heilung finden."

Erids Glieder schmerzten, als er am späten Morgen erwachte. Die Sonne stand hoch am Himmel. Hope leckte ihm die Wange. Er stand auf, hielt sich die Hand vor die Augen und sah sich um.

Was war in der Nacht geschehen? Es sah aus, als würde sich der Schnee langsam auflösen, zu Wasser werden.

„Samira, wach auf!" Er rüttelte sie am Arm.

„Was ist, Junge?" Sie stützte sich auf ihre Ellbogen.

„Der Schnee schmilzt!" Erid rannte ein Stück und drehte sich im Kreis, um alle Richtungen zu begutachten.

„Das ist ganz natürlich!", rief Samira und winkte ihn zu sich.

„Setz dich. Du musst noch viel lernen in deinem Leben. Du erinnerst dich an unser Gespräch gestern Nacht?"

Er nickte.

„Beide haben wir endlich ausgesprochen, was uns lange Zeit bedrückt hat. Zuvor war niemand da, mit dem wir unser Leid teilen konnten. Etwas ist in uns aufgebrochen. Und nun schau vorsichtig zum Himmel. Die Sonne strahlt grell, sie hat sich einen Weg durch die Wolkenbank erkämpft. Ein guter Tag für uns zum Wandern. Am besten, wir gehen sofort los."

Geschäftig fing sie an, ihre Sachen zusammenzusuchen. Erid half ihr dabei und kurze Zeit später machten sie sich auf den Weg.

Das Haus kam wieder in Sichtweite und Erid blieb stehen. „Sieh!" Er streckte den Arm in die Richtung. „Wir sind nahe. Lass uns hingehen." Er setzte sich in Bewegung. Hope bellte. Erid blickte sich zu ihr um. „Vielleicht befindet sich im Haus etwas, was wir gebrauchen können." Hope knirschte mit den Zähnen.

„Hope, komm!" Er klopfte mit der Hand auf sein Bein. Doch die Wölfin gehorchte ihm nicht. „Samira, bleib du mit Hope hier, ich gehe und schaue nach."

„Junge, vertrau Hope. Sie ...“

Erid winkte ab und stapfte davon.

Als er sich dem Haus näherte, stieg Kälte in ihm hoch. Plötzlich erschien in der abgestorbenen Landschaft wieder ein brennender Dornenbusch.

„Geh nicht weiter!“, vernahm Erid die Stimme, die ihm schon vorher begegnet war. Er blieb stehen.

„Ich will nach Lebensmitteln schauen“, sagte er.

„Du wirst Elend vorfinden, vertrau dem Instinkt deiner Wölfin.“ Der Busch erlosch und verschwand aus Erids Blickfeld.

Die Eingangstür bewegte sich. Langsam ging sie auf und fellüberzogene Hände tauchten auf.

Sein Herzschlag setzte aus. Blitzartig ergriff er die Flucht, rannte zurück zu Samira. Hinter sich vernahm er tiefe Töne und dazwischen Wolfsgeheul. Plötzlich tauchten aus allen Himmelsrichtungen Wölfe auf. Er drehte sich um. Die Tiere stürzten sich auf seine Verfolger.

Erid kam erst wieder zu Atem, als er Samira und Hope eingeholt hatte. Sie kauerten sich hinter einen Felsen und beobachteten die Wölfe. Bald verschwanden sie so schnell, wie sie gekommen waren. Hope heulte, dann wurde es still. Das Haus in der Ferne brannte lichterloh.

„Ich hoffe, du hast daraus gelernt!“, sagte Samira.

„Das war das letzte Mal, dass ich dir nicht vertraut habe, Hope.“ Er streichelte über ihr Fell.

Die Sonne brannte, als sie ihren Weg fortsetzten. Erid zog seine Jacke aus. Half Samira einen Teil ihrer Kleidung abzulegen und trug ihre Habseligkeiten. Die Reise ging weiter, untermalt von der lieblichen Melodie. Hope lief auf einen Berg zu.

12. Dezember

Erid trottete hinter Samira her, die mit gleichmäßigen Schritten in der Spur der Wölfin ging. Wie ein Alptraum lag der vergangene Tag auf seiner Seele. Das Tollhaus mit den fellbedeckten Ungeheuern, der brennende Busch und das Wolfsrudel verfolgten ihn in seinen Gedanken.

Und Samiras Schicksalsbericht wirkte nach; auch sein eigenes Desaster war wieder gegenwärtig. Die Flucht aus der zerstörten Stadt, der Schrei der Geliebten, nachdem er sie in den Klauen der Monster zurückgelassen hatte. Die Totenstille danach. Mozarts Requiem machte sich breit in seinem Kopf. Er wehrte sich dagegen. Wer sagte denn, dass Irin tot war? Wie ein Liebeslied ertönte plötzlich über ihm die zarte Melodie der Sehnsucht. Er schaute hoch. Der Himmel spannte sich wie eine blaue Glocke über die ganze Welt. Irgendwo war Irin. Die Jahre hatten sie nicht verschluckt. Sie war intelligent und stark. Bestimmt hatte sie ihre Feinde überlistet. Vielleicht hörte sie in diesem Moment die gleiche Melodie.

Er fasste in seiner Hosentasche nach dem Lederband, an dem die Wölfin ursprünglich den roten Hoffnungsstern getragen hatte. Hope, die ihm mit ihrer Zuneigung nach langer Zeit wieder ein Gefühl von Leben geschenkt hatte. Hätte sie ohne ihn die schwere Verletzung überlebt? Hätte er ohne sie den Mut gehabt, jemals den Erdbunker zu verlassen? Auch ihretwegen durfte er nicht aufgeben, musste weiter, immer weiter.

Und die alte Frau vor ihm? Ihr Rücken war gebeugt, aber ihre Schritte waren kräftig. Woher nahm sie diese Kraft? Seitdem er ihr Schicksal kannte, war ihm klar, dass es das Gleiche war, das ihn vorwärts trieb: Liebe. Auch Samira hatte die Hoffnung, einen geliebten Menschen wiederzusehen. Auch sie hatte den Mut gehabt, ihre sichere kleine Behausung zu verlassen.

Aber sie hatte Fähigkeiten, die ihm unerklärlich waren. Sie sah mehr als er. Lag es nur an der Weisheit des Alters? Was hatte sie im Inneren des Hoffnungssterns entdeckt, das er nicht erkannt hatte? Was hatte sie mit dem geheimnisvollen Hinweis auf ein Gegenstück zum Hoffnungsstern gemeint? Warum war sie gestern nicht der Versuchung erlegen, das Haus zu betreten? Was schließlich gab Samira die unerschütterliche Gewissheit, dass die Wölfin den richtigen Weg fand?

Der Pfad über die weite Ebene führte in einen Wald, der sich auf der unteren Hälfte eines Bergkegels ausbreitete. Oberhalb der Bäume lagen die Felsen rotgolden in der Sonne wie ein versteinerter Rosengarten.

Erid beschloss, Holz zu sammeln, damit am Abend in einer geschützten Felshöhle ein gutes Feuer prasseln würde. Drei Freunde würden beisammen sitzen, in die Flammen schauen, Kräutertee zubereiten, Nüsse und andere Vorräte auspacken und leise Gespräche führen. Die ganze Nacht lang hätten sie es schön warm. Er zog die Lederschnur aus der Tasche und wickelte sie auseinander. Mit ihr würde er das Bündel Holz zusammenbinden, damit er es besser den Berg hinauftragen könnte.

Plötzlich fiel ihm das Gehen gar nicht mehr so schwer. Er hatte Samiras Schrittrhythmus übernommen.

13. Dezember

Nach einem langen Marsch, dem roten Schimmern entgegen, fanden sie endlich einen passenden Ort für ein Nachtlager und richteten sich ein.

Das Feuer brannte. Erid lag auf einigen nadellosen Tannenzweigen, den Kopf auf den Arm gebettet. Samira schob einen Ast ein Stück weiter ins Feuer und sofort stoben knisternde Funken in den wolkenverhüllten Nachthimmel. Die Wärme fing sich in den umgebenden Felswänden, umhüllte Erid und machte ihn schläfrig. Sie hatten wenig gegessen, aber der Kräutertee füllte zumindest den Magen.

Hope lag etwas abseits und bewachte mit aufmerksam gespitzten Ohren das Lager. Erid bewunderte Samira, die so ruhig und gelassen dasaß und nun mit ihren geschickten Fingern kleine Zweige in die kaputten Stellen seiner Schneeschuhe einflocht. Sie summte eine Melodie, die harmonisch mit den Klängen aus dem Himmel zusammenzufließen schien. Erid fielen die Augen zu. Bilder waberten in seinem Kopf, vermischten sich mit Klangfetzen und ließen ihn sanft ins Reich der Träume gleiten.

Ein glockenreines Lachen ertönte und ein wirbelnder Farbenball verlangsamte sich zu einer schlanken Frau in einem Kleid aus bunten Stoffen. Vor ihm tanzte Irin, leichtfüßig, anmutig, lachend. „Komm zu mir, Geliebter", rief sie und ihre Augen leuchteten vor Glück. „Ich schenke dir Vertrauen!" Sie streckte ihre Hand nach Erid aus. Er wollte sie ergreifen, doch er erreichte sie nicht. Wieder lachte sie und drehte sich tanzend im Kreis. Der rote Stern an ihrem ledernen Halsband leuchtete auf. Plötzlich verwischten sich Irins Konturen, ihr Aussehen veränderte sich. „Irin, bleib!", wollte Erid rufen, doch kein Laut verließ seine Lippen. Die Tänzerin war jetzt nicht mehr Irin. Erid sah eine unbekannte junge Frau mit langem dunklem Haar. Ihre strahlenden Augen schienen ihm seltsam vertraut und nun lachte auch sie.

Es war Samiras Lachen. „Erid! Wach auf!" Samira rüttelte ihn heftig an der Schulter. „Psst! Still", raunte sie, als er unwillig die Augen aufschlug und zu brummeln begann. Samira sah sich prüfend um und lauschte. Alarmiert richtete Erid sich auf. „Wo ist Hope?"

„Sie ist gerade weggelaufen. Ich wachte auf, weil sie knurrte." Samira schien besorgt. „Sie hat sich seltsam benommen. Zuerst starrte sie auf den Waldrand. Dann hat sie Witterung aufgenommen, winselte und begann, mit der Rute zu wedeln. Gleich darauf ist sie losgelaufen!"

„Ich muss sie wiederfinden!" Mit steifem Rücken rappelte sich Erid auf. „Verdammt, ist das dunkel!" Er griff nach einem dicken Ast, dessen langes Ende aus dem Lagerfeuer ragte. „Samira, bleib hier! Ich komme gleich zurück! Hoffentlich ist sie noch in der Nähe."

„Sei vorsichtig!", mahnte Samira, erhob aber keine Einwände.

Erid verließ den geräumigen Felsspalt und schlich mit hellwachen Sinnen in die Dunkelheit. Bitterer Frost umfing ihn und sein Atem gefror in der windstillen Luft zu weißen Kristallen. Die Fackel erleuchtete seine unsicheren Schritte und er lauschte angespannt. Nur das Knirschen des Schnees unter seinen Füßen.

Erschrocken fuhr er zusammen, als Hope plötzlich heulte. Es klang recht nah, auffordernd; und ein leises, zärtlich klingendes Fiepen mischte sich hinein.

„Hope! Ich komm zu dir!" Erid rannte los. Hope schien etwas Vertrautes gefunden zu haben! Wie war das nur möglich, mitten in der Nacht, in dieser eisigen Wildnis?

14. Dezember

Erid rannte den Berg hinab, stolperte über eine Untiefe und stürzte. Er ließ die Fackel fallen, um sich nicht zu verbrennen. Dabei schlug er sich sein rechtes Knie und die Hände auf. Fluchend richtete er sich auf und wischte mit den schmerzenden Händen über die Jacke. Die Fackel lag ein paar Schritte vor ihm; er tastete sich vorwärts. Das Feuer glimmte nur noch, als er den Ast hochhob. Schützend hielt er seine Hand vor die Flamme. Gleich darauf loderte sie wieder kräftig.

„Hope!" Er erhielt keine Antwort.

Er lief in die Richtung, aus der er sie heulen gehört hatte; dabei beleuchtete er mit der Fackel den Boden, so gut es ging. Es ging nicht sehr gut; die Flamme wurde schwächer. Vielleicht sollte er lieber umkehren? Die Windstille ängstigte ihn. Er fühlte den Druck auf seiner Brust wachsen.

Warm strich es um seine Beine. „Hope, wo warst du?" Er streichelte die Wölfin. Hope fasste nach seiner Jacke und zerrte ihn vorwärts, zwischen Bäumen mit tiefhängenden Zweigen hindurch. Erid zerkratzte sich das Gesicht, folgte aber aus Sorge, Hope wieder zu verlieren.

Vor einem kleinen Loch im Boden blieb Hope stehen. Erid leuchtete hinein, konnte in dem dürftigen Licht aber nichts entdecken. „Was willst du mir zeigen?" Er kraulte Hopes Ohr.

In der Ferne stand friedlich das rote Licht am Himmel. Gleichzeitig ertönte die Melodie. Und er konnte wieder frei atmen.

Ein leises Fiepen ließ ihn nach unten schauen. Zwei junge Wölfe zottelten an Hope herum, bissen in ihre Flanke und ihr Ohr. Sie erduldete es still; als es ihr zu viel wurde, zog sie sich zurück.

Aus der leisen Melodie wurde ein ohrenbetäubendes Crescendo. Erid hielt sich die Ohren zu. Der rote Horizont färbte sich erst violett, dann schwefelgrau.

„Hope, wir müssen zurück." Erid rannte, so schnell es das unebene Gelände zuließ. Aber der Druck auf seiner Brust nahm wieder zu. Mühsam atmend suchte er den Weg zwischen den Felsen. Dann erlosch seine Fackel.

Hope lief an ihm vorbei. Sie jaulte auf, sprang voraus, blieb stehen; dann wartete sie, bis Erid und die Welpen sie überholt hatten, und lief wieder voraus.

Wind kam auf; er wurde immer stärker, wurde zum Sturm. Mit gesenktem Kopf stemmte sich Erid gegen ihn. Als er einmal hochblickte, sah er zwischen den Bergwänden ein Licht schimmern. Samira hatte am Eingang zur Klamm ein Feuer entfacht, um ihm den Weg zu weisen. Dankbar lief er dorthin.

Ein Blitz fuhr in einen trockenen Baum an der Seite. Im Nu loderten Flammen in den Himmel und erhellten seinen Weg. Krachend folgte der Donner. Erid zuckte zusammen. Die Wölfe schmiegten sich winselnd an ihn. „Kommt, gleich sind wir geborgen", sprach er sich und ihnen Mut zu.

Blitze zuckten über den Himmel. Dann fing es an zu schneien. Der Schnee brannte in seinen Augen und nahm ihm die Sicht. Hope zerrte ihn die letzten Schritte vorwärts bis zur Felsspalte.

Erschöpft und durchnässt ließ er sich am Feuer nieder.

Samira schichtete Holz unter einen Felsenüberhang und entzündete dort das Feuer neu. Dann hängte sie einen Topf voll Schnee über die Flammen.

15. Dezember

Der Wind trug eine Wand aus Schnee zu ihnen heran; er fing sich zwischen den einzelnen Felsen unterhalb des Eingangs und baute dort immer höhere weiße Türme. Als der erste zur Seite rutschte, schuf er eine breite Barriere zwischen ihnen und dem Tal: An ihr lud der Wind seine Schneefrachten ab. Dann wurde der Gewitterdonner übertönt vom Tosen einer Lawine, die von einem der Hänge krachend hinabstürzte. Der Schneesturm versperrte ihnen die Sicht auf das Schauspiel.

Doch Erid wusste, wie es jetzt dort aussah; er zog zwei Äste aus dem Feuer, die erst angekohlt waren. Sie würden tagelang hier festsitzen ohne Nachschub an Holz und Nahrung. „Dort kommen wir nie durch." Die Wölfin, unter deren Bauch die Welpen schutzsuchend verschwunden waren, richtete sich auf und drehte ihre Ohren zu ihm, als er zu sprechen begann. „Und ihr drei noch viel weniger."

Eine heftige Bö drückte die zusammengesunkene Flamme vollends nieder und für einen Augenblick schien es, sie erlösche.

„Du sparst an der falschen Stelle." Samira stand erstaunlich behände auf und stellte sich mit ausgebreitetem Umhang zwischen Wind und Feuer.

Unter ihrem missbilligenden Blick schob er die Äste zurück in die Glut. „Wir müssen sparen", murrte er aber.

„Nachts wird es kalt genug, dass uns die Schneedecke trägt", erklärte sie. „Jetzt schlafen wir und morgen früh brechen wir auf." Sie schleifte einen dicken Ast vom Eingang der Klamm heran und stieß ihn ins Feuer.

Das von frischem Schnee feuchte Ende begann zu qualmen und trieb Erid Tränen in die Augen. Die trockenere Hälfte des Astes brannte wie Zunder und warf ihm eine heiße Lohe entgegen.

„Samira!" Er sprang auf; Rauch und Hitze ärgerten ihn gleichermaßen. „Sollen Hope und die Jungen hier verrecken?"

Sie musterte ihn von oben bis unten, dann drehte sie sich um und ging tiefer in die Klamm. Es knisterte und klapperte von dort; länger als nötig, um Kräuter und Becher auszupacken.

Samira goss den Tee auf, warf Hope ein Stück Fladen zu und setzte sich dann neben die Wölfin. „Meinst du, sie haben eine größere Chance zu überleben, wenn wir hier bei ihnen bleiben?" Sie tätschelte Hopes Kopf. „Vielleicht, wenn sie uns auffrisst."

Erid fluchte; dann tappte er zum nächsten Überhang und wickelte sich in seine Felle. Das Fauchen des Gewittersturms erinnerte ihn an Nächte unter einem Zeltdach, auf das der Regen prasselte, während er sich in den Armen irgendeines Mädchens geborgen fühlte.

Erid erwachte vom Gebell der Wölfin. Die Welpen balgten in gleißendem Sonnenlicht mit ihr.

Samira saß an der gleichen Stelle wie am Abend. Er wagte nicht zu fragen, ob sie die ganze Nacht dort gesessen hatte. Als er die Felle beiseite schob, ging sie an den Rand des Hangs, schaufelte mit ihren Händen Schnee in den Kessel und hängte ihn dann wieder übers Feuer.

Nicht nur dort taute der Schnee; Feuchtigkeit sickerte auch von den Gesteinskanten rundherum. Wo es von den Felsen auf die weiße Fläche vor ihnen tropfte, hatten sich dünne Spuren in die Schneewehe gegraben. An vielen Stellen war der Schnee zusammengesackt, aber nicht genug. Es war lächerlich, sich hinunterzuwagen.

„Dort kommen wir nicht durch", wiederholte er. „Bis zum Abend taut die Barriere nicht fort."

„Nicht durch." Samira schlug den Tonfall der geduldigen Erwachsenen gegenüber einem störrischen Kind an. „Wir laufen darüber hinweg."

„Du bist verrückt!"

Ihr Gesicht blieb unbewegt, gerade als habe sie seine Worte nicht gehört. „Du wirst die Welpen tragen."

Sie starrten sich übers Feuer hinweg an, bis Hope winselnd auf sich aufmerksam machte. Als ob sie die Gedanken der Menschen lesen könnte. Erid bückte sich und vergrub sein Gesicht in ihrem warmen Fell. „Du witterst es, nicht wahr? Wir Menschen riechen anders, wenn wir zornig sind."

Hope schüttelte ihn mit einer Kopfbewegung ab und gab einen winselnden Laut von sich; die Welpen stürzten auf sie zu.

„Mir scheint, ich zähle nicht mehr." Erid presste die Mundwinkel zusammen und stapfte zu den Felsen hinunter, wo die Schneewehe begann. Sich an ihnen orientierend, hatte er versucht, die Höhe zu schätzen. Er hatte sich gründlich verschätzt; von oben wirkte die Barriere nicht halb so mächtig wie sie in Wirklichkeit war. Als stünde er an einem Strand und eine riesige Welle käme auf ihn zu. Sie würde unweigerlich über ihnen zusammenschlagen, wenn sie versuchten, hier durchzukommen.

Der Wind trug ihm den Duft gebratenen Specks zu. Samira dort oben kochte und briet unverdrossen, als plane sie ein Festessen. Eher würde es ihr letztes sein.

Zornig trat Erid gegen einen der Felsen; die Hälfte des lockeren Schnees rutschte hinunter und schüttete seinen Fuß zu. Mit einem Fluch stapfte er zurück.

16. Dezember

Missmutig ließ Erid sich am Feuer nieder und starrte in die Glut. In der Pfanne röstete der Speck.

„Du lässt dich zu schnell entmutigen", sagte Samira. „Es kommt ein bisschen Schnee und du stürzt in tiefste Verzweiflung. Damit tötest du die Hoffnung!" Samira stach heftig in einen brutzelnden Speckstreifen.

Erid warf einen raschen Blick auf Hope, die ihn aufmerksam mit ihren klugen Augen fixierte und sich nicht um die Welpen scherte, die um Samira herumschlichen und sich schnuppernd dem Speck auf dem Feuer näherten.

Erid vergrub das Gesicht in den Händen; er seufzte und fuhr sich durch das wirre Haar.

„Was, Samira? Sag mir, was soll ich tun?"

„Suche dir ein Ziel. Mache Pläne und überlege dir, wie du vorgehen willst. Beschäftige deinen Geist mit froher Aussicht auf das Kommende. Das nährt die Hoffnung." Sie nahm die zwei großen Stücke Birkenrinde, die sie von einem abgestorbenen Baum mitgenommen hatte, strich ein paar Krümel herunter und legte den wunderbar duftenden Röstspeck darauf.

„Hoffnung!" stieß Erid aus. „Hoffnung auf was denn? In dieser zerstörten Welt gibt es doch nur die Aussicht auf den Tod!"

Samira lachte auf; es klang belustigt. Sie reichte Erid das Frühstück. „Jedes Leben beginnt mit der Aussicht auf den Tod! Es spielt gar keine Rolle, wie die Umstände sind." Sie griff nach seiner Hand. „Erzähl mir nicht, dass der Tod kommt. Sage mir lieber, was du in der Zeit davor mit deinem Leben anfangen willst!"

Samiras Hand wärmte ihn und endlich wagte er, ihr in die Augen zu sehen.

Ohne sie wäre er verloren! Doch in die Dankbarkeit für sie mischte sich sogleich ein leises Schamgefühl: Selbst mit ihr zusammen benahm er sich, als sei er verloren.

Er senkte den Blick. Er hatte Tage mit Samira verbracht, hatte sie in ihrer friedlichen Gelassenheit beobachtet, hatte sich von ihrer Zuversicht anstecken lassen und das wunderbare Gefühl der Hoffnung und einer neuen inneren Stärke wahrgenommen. Und jetzt benahm er sich, als spucke er auf dieses Geschenk und trete es im Schmutz. Es war Zeit, dass er aufhörte, im Selbstmitleid zu baden.

„Du hast recht, Samira. Bitte hilf mir, ein Ziel zu finden. Weißt du, ich hatte früher viele Ziele und das Leben lag wie ein bunter Flickenteppich vor mir, der nur darauf wartete, dass Irin und ich neue Farben hineinwebten. Als die Katastrophe kam, verlor ich meine Ziele, aber ich hatte Irin und die Hoffung auf ein neues Glück. Doch davon ist nichts geblieben."

Samira hörte ihm aufmerksam zu.

„Schau dir deinen Speck an!" Er war inzwischen auf dem Rindeteller abgekühlt. „Und sage mir, was bedeutet es für dich."

Erid stutzte. „Was meinst du?"

„Sieh hin. Gebrauche deine Sinne. Was siehst du, was riechst du, was fühlst du?"

Erid starrte auf seine Speckstreifen und sog den Röstduft ein. Das Wasser lief ihm im Mund zusammen und sein Magen knurrte. Dann war ihm plötzlich alles klar. Befreit lachte er auf. „Samira! Alles ist gut! Ich meine: Jetzt, in diesem Moment ist alles gut, so wie es ist! Es gibt keine Vergangenheit, nur Erinnerungen. Es gibt keine Zukunft, nur unsere Vorstellungen darüber."

Samira lächelte anerkennend, doch er war noch nicht fertig.

„Es kommt nicht darauf an, wie es wirklich ist, es kommt darauf an, wie wir dazu stehen! Es kommt darauf an, für welche Empfindungen ich mich entscheide. Ich will kein Selbstmitleid mehr! Ich will vorangehen und mir die Zukunft erschaffen, so, wie ich sie mir vorstelle! Ich werde Irin finden, wenn sie noch lebt ... oder eine andere junge Frau, die es ebenso wie Irin verdient, dass ich sie liebe und ihr ein Heim gebe. Du, Samira, hast es mir gezeigt: Wir selbst sind das Heim, indem wir Liebe, Geborgenheit und Freude leben. Jetzt, in diesem Augenblick."

Er sprang auf und strahlte sie an. „Wann gehen wir los? Nichts kann mich mehr aufhalten! Wir werden dem Licht entgegengehen und Hope, unsere Hoffnung, wird uns führen. So wie sie die Welpen gefunden hat, werden wir andere Menschen finden! Wir werden von vorn anfangen, eine starke Gemeinschaft bilden und diesmal werden wir sie auf Wahrheit statt auf Heuchelei begründen!"

Er stutzte. Wahrheit und Heuchelei. Woher kamen diese Gedanken? Er schüttelte den Kopf. Egal. Sie gefielen ihm gut. Er strahlte Samira an und hüpfte auf den Zehen wie als Kind am Weihnachtstag, wenn die Vorfreude auf die Bescherung übergroß gewesen war. Eine so kraftvolle Energie strömte durch seinen Körper, dass er kaum abwarten konnte, es dem Schnee da draußen zu zeigen! „Samira, vielleicht könnten wir für die Verseuchten ein Heilkraut finden oder eine Art Schutz für die Nichtangesteckten. Bestimmt gibt es Aussicht auf Heilung!"

Samira nickte. „Aussicht auf Heilung", sie lächelte. „Das gefällt mir viel besser als Aussicht auf Tod. Aber nun iss endlich deinen Speck!"

17. Dezember

Sie brachen auf. Hope schubste ab und zu die Welpen an; heulte, wenn sie sich im Spiel miteinander verloren. Während die Tiere leichtfüßig über die Schneebretter liefen, setzten Erid und Samira jeden Schritt erst nach sorgfältiger Prüfung. Die Schneeschuhe mit den großen Flächen verhinderten, dass sie einbrachen, aber falls ein Schneebrett sich als Ganzes löste, würden sie mitgerissen und zerschlagen im Tal ankommen. Aus eben diesem Grund hielt Samira großen Abstand von ihm..

„Ist besser so", hatte sie gemeint, „dann trifft es nicht beide."

Erid keuchte. „Du hast einen goldenen Humor!" Aber er konnte darüber grinsen.

Sie kamen dem roten Glanz näher. Es schien, als liege er vor ihnen in einer Senke, nicht mehr weit entfernt am Horizont.

„Wir erwischen dich schon", schrie Erid, atemlos vom eisigen Wind. Dieser Moment der Unaufmerksamkeit riss ihm die Füße weg, er landete auf dem Hintern und kam ins Rutschen. „Samira!"

Sie war viele Meter entfernt von ihm und er stürzte rettungslos bergab. Er warf sich zur Seite, gelangte auf den Bauch und krallte die Hände in die eisige Schneeschicht. Vergeblich. Plötzlich rannte Hope neben ihm und packte mit tropfenden Lefzen nach seinem Ärmel. Doch die rasante

Talfahrt ging weiter; die Wölfin ließ sich auf allen Vieren mitschleifen, ließ nicht los.

Hopes Gewicht drehte Erids Körper; er sauste mit dem Kopf voran weiter. Irgendwann ließ Hope ihn los, blieb aber neben ihm. Sie glitten hinunter in den bewaldeten Bereich; endlich wurde es flacher. Zwischen Latschenkiefern blieben Erid und Hope liegen.

Erid streckte die Hand nach Hope aus, tastete sie ab, dann sich selbst – die Knochen waren heil geblieben. Aber jeder Zentimeter seines Körpers schmerzte. Hope schüttelte sich und sprang auf. Ächzend drehte Erid sich auf den Rücken, kam auf alle Viere und rappelte sich hoch. Seine Beine zitterten. Die Schneeschuhe hingen zersplittert an ihren Riemen um die Stiefel. Er blickte den Hang hoch: Samira und die Welpen bahnten sich langsam einen Weg zu ihnen herunter.

„Alles in Ordnung?", fragte Samira, als sie endlich unten war.

„Sieht so aus, fühlt sich aber nicht so an. Was gäbe ich für einen Saunabesuch!"

Nun war es nicht mehr so steil und sie kamen in dem bewaldeten Gebiet gut voran. Zwischen den Bäumen lag zudem nur wenig Schnee, der Pfad war nicht vereist. Mittags standen sie am Rand einer Schlucht. Es ging gut hundert Meter steil hinab.

Die Welpen fiepten und zitterten vor Kälte. Hope legte sich hin und die Kleinen krochen zu ihr, schmiegten sich an ihr Fell.

„Das war's", knirschte Erid zwischen den Zähnen hervor.

„Jetzt müsste ein Wunder geschehen." Samira seufzte.

„Pause." Erid sammelte Holz.

Samira entfachte ein Feuer. Sie hockten auf einem liegenden Stamm und brüteten gemeinsam darüber nach, wie sie in die Schlucht gelangen könnten. Erids Blase drückte, er ging am Rand des Abgrunds entlang, um sich zu erleichtern; da warf es ihn zu Boden vor Überraschung: Auf der anderen Seite der Schlucht pulsierte das rötliche Licht; aber der Wald lag zwischen ihm und dem Licht und versperrte ihm den Blick auf seine Quelle.

Er hetzte zurück. „Samira, wir sind dem Leuchten nahe gekommen!"

In dem Moment erklang auch wieder die süße Melodie, laut und deutlich. „Und das Lied ist wieder da."

Einen Augenblick sah sie ihn ratlos an; dann tippte sie sich an die Schläfe. „Erid, halte deinen Verstand beisammen."

„Warum nur hörst du es nicht?"

Sie ignorierte seine Frage. „Wie überwinden wir nur diese Schlucht?"

18. Dezember

Hope hob den Kopf und spitzte die Ohren. Sie gähnte, streckte die Vorderläufe aus, dehnte sich und stand auf. Als sie dann Erid anschaute, lag in ihren Augen ein eigenartiger Ausdruck: unergründlich, leuchtend.

Erid verfing sich in ihrem Blick und tauchte tief ein. Auch er erhob sich.

„Wo willst du jetzt schon wieder hin?" Samira stellte irritiert den Becher ab.

Die Welpen fiepten; sie langte nach ihnen und schob sie unter ihren Rock, um sie zu wärmen. „Wo willst du hin?", wiederholte sie in einem schärferen Ton.

Erid gab keine Antwort; er wusste es selbst nicht.

Langsam lief Hope in Richtung der Schlucht und blickte sich immer wieder nach ihm um; wie hypnotisiert folgte er ihr. Wohin auch immer Hope ihn führen würde, er vertraute ihr jetzt. Die Melodie wurde lauter und eindringlicher, je näher er an den Abgrund kam. Was wollte Hope ihm zeigen?

„Hier geht es nicht weiter." Erid blieb stehen. Die Wölfin glitt an seine Seite und schubste ihn weiter nach rechts. „Willst du mich in die Schlucht stürzen?" Empört stemmte Erid die Beine fest in den schlüpfrigen Boden. Ein einziger falscher Schritt und er stürzte unweigerlich in die Tiefe. Doch Hope gab nicht nach, stieß Erid mit der Schnauze an, schob ihn Schritt für Schritt seitwärts.

„Was willst du mir zeigen?" Die Hartnäckigkeit der Wölfin verblüffte ihn.

Er stolperte; beinahe wäre er über einen unter dem Schnee versteckten Felsbrocken gefallen. Im letzten Moment vermied er seinen Sturz in die Schlucht, indem er sich rücklings fallen ließ und nach einer Baumwurzel griff.

„Das ging gerade noch einmal gut." Er rappelte sich hoch.

Hope lugte hinter einem Felsvorsprung hervor und gab merkwürdig gurrende Laute von sich.

„Was ist?"

Wieder begannen die Augen der Wölfin zu leuchten, lockten ihn zu sich. Sie stieß die Schnauze in den Schnee und begann, mit einem Vorderlauf am Fuß des Felsens zu kratzen.

„Willst du den Stein ausgraben?" Erid beobachtete sie. „Was soll das? Es wird uns nicht weiterhelfen."

Plötzlich leuchtete in dem Loch etwas in einem satten blauen Ton auf. Erid beugte sich zu der Wölfin hinunter, griff hinein, entfernte mit beiden Händen das aufgewühlte Erdreich und förderte ... einen blauen Stern hervor.

„Mein Gott!" Andächtig betrachtete er den Fund. „Ist das das sagenhafte Gegenstück zum Stern der Hoffnung? – Der Stern des Vertrauens?" Vorsichtig löste er die Erdkrumen und polierte die Oberfläche blank. Dann hielt er den Stern in die Höhe, sodass sich das Licht darin spiegeln konnte. Im gleichen Moment wurde die Melodie lauter und intensiver. Sie schien aus dem Stern herauszuquellen und in der Schlucht zu widerhallen.

„Wie in einer Kathedrale." Ergriffen erinnerte er sich an seine Kindheit, als er mit den Eltern in der Kirche dem Chor lauschte und dem Orgelspiel zuhörte.

„Vertrauen." Benommen stand Erid am Rand der Schlucht. Hatte er vorhin nicht so etwas wie Vertrauen gespürt, als er der Wölfin blind gefolgt war? Ein Gefühl, in Sicherheit zu sein? Keine Angst mehr zu haben?

Das rote Licht hinter dem Wald spiegelte sich im Glas des blauen Sternes, reflektierte und strahlte unter Erid tief in die Schlucht hinein. Erid folgte dem Strahl mit den Augen, traute sich aber nicht, sich vorzubeugen. Vorsichtig kniete er nieder, dann legte er sich sicherheitshalber auf den Bauch, robbte ein Stück vorwärts und lugte in die Schlucht.

„Ich werd' verrückt!" Was hatte Samira vorhin gesagt? ‚Jetzt bräuchten wir ein Wunder.' Er, Erid, hatte das Wunder gefunden. Eine Strickleiter aus festem Seil reichte bis zum Ende der steilen Felsen dort unten vor dem Wald. Sie brauchten sie nur hinunterzuklettern, um zum Licht zu gelangen.

„Doch was ist mir dir?" Nachdenklich starrte er Hope an. „Eine Wölfin kann nicht über eine Leiter steigen."

Hope legte den Kopf schräg, winselte ein paar Mal und lief dann zurück zum Lagerfeuer.

„Wir müssen Samira um Rat fragen." Seufzend rappelte er sich hoch und folgte der Wölfin.

19. Dezember

Samira hockte am Feuer und rieb ihre von der Kälte geröteten Hände. Die Flammen ließen ihr Gesicht in einem warmen Goldton schimmern; wie schön sie einst gewesen sein musste.

Als er mit Hope näher trat, geriet ihr Rock in Bewegung. Zwei dunkle Schnauzen schoben sich hervor; die Welpen begannen vor Freude zu fiepen. Hope machte einen Satz zu ihnen, stupste sie an und die Welpen krochen heraus. Übermütig hüpften sie an Hope hoch und bissen sie in Schwanz und Nacken. Die Wölfin platzierte sich neben das Feuer und ließ es über sich ergehen.

„Wo warst du?" Samira starrte Erid mit sorgenvollen Augen an. Gleich darauf glätteten sich ihre Gesichtszüge. „Du hast ihn gefunden, nicht wahr?"

Erid streckte ihr seine Hand entgegen und das blaue Licht des Steines legte sich wie eine wärmende Decke über ihren Lagerplatz. Mit zittriger Hand griff Samira nach dem Stern und drückte ihn fest an ihre linke Brust.

„Hope, komm zu mir!"

Die Wölfin erhob sich ohne Zögern und legte sich leise winselnd zu Samiras Füssen. Samira öffnete den Knoten des Schnürsenkels um Hopes Hals und nahm ihr den Hoffnungsstern ab.

Was hatte sie vor? Erid konnte sich keinen Reim darauf machen. Irgendetwas hielt ihn jedoch zurück, sie zu fragen.

Samira legte beide Sterne in eine Hand, die andere darüber und hob sie gegen den Himmel. Sie murmelte etwas, was er nicht verstand.

Ein eisiger Schauer lief Erid über den Rücken. Sie waren nicht mehr allein. Ein tiefes Summen erklang hinter ihm und eine unangenehme Fäule stieg ihm in die Nase.

„Samira!", flüsterte er, doch Samira hörte ihn nicht.

In Trance hatte sie die Hände erhoben, starrte gegen den Himmel und schien auf etwas zu warten. Der Moder kam näher und wärmte Erids Nacken. Seine Kehle wurde eng und er musste würgen.

Samira bemerkte von alldem nichts. Ihre Stimme wurde lauter, eindringlicher und plötzlich begann ihre Faust zu glühen. Sie öffnete die Hände und ein gleißend helles Licht erhellte den Himmel.

Mit weit geöffneten Augen betrachtete Erid den Glanz, der sich zu einem Herzen formte und dann in Samiras Händen verschwand. Im gleichen Moment verflüchtigte sich die Fäule und sie waren wieder allein.

„Samira, was war das?" Zögerlich trat Erid näher.

„Nun sind sie vereint."

20. Dezember

„Samira, was hast du getan?", stammelte Erid.

Samira blickte durch ihn hindurch. Die klaren Augen verloren ihren Glanz. Gleichzeitig schien sie in sich zu versinken, wenn nicht sogar zusammenzufallen. Ihr Gesichtsausdruck war jedoch vollkommen ruhig und zufrieden.

Erid überkam eine heftige Angst. Wochenlang waren sie der Hoffnung nachgelaufen, hatten das Vertrauen gefunden - er hatte das Vertrauen gefunden, doch wozu? Ein glanzvoller Augenblick und alles löste sich in Moder auf?

Was hatte der Geruch zu bedeuten? „Samira, wer ist vereint?"

„Du weißt, nach wem ich gesucht habe."

„Aber was nützt es, wenn deine Enkelin mit den Monstern vereint ist! Auch wenn sie mit ihren Eltern zusammen sein kann, du hast die Kraft der Sterne verschenkt!" Auf einmal war es Erid klar. Das hatte der Moder zu bedeuten: Sie versuchten nicht nur, alle Menschen anzustecken, sondern auch die Hoffnung und das Vertrauen für ihre Zwecke zu missbrauchen!

„Samira, nimm die Steine, nimm sie noch einmal."

„Zu spät, Erid", flüsterte Samira. Hope stupste sie an, schnüffelte dann an den Sternen, die genau in der Mitte, zwischen Samira und Erid, lagen.

„Du musst es versuchen. Horch!" Die Melodie der Sehnsucht erklang leise und verschwommen aus der Ferne. Aber nicht wie sonst aus einer einzigen Richtung, sondern von Norden, Süden, Westen, Osten, vom Himmel, aus der Erde drangen die geliebten Töne. Als ob die Luft nur noch aus vibrierenden Klängen bestände.

Aber Samira blickte ihn verständnislos an; wie immer, wenn er von der Musik sprach. „Nein, mein Lieber, meine Zeit ist um. Mein Ziel erreicht. Geh du zur Strickleiter, nimm Hope und die Welpen mit, ich werde bleiben. Es ist an dir."

„Das kannst du nicht von mir verlangen!" Erid schluckte: Woher wusste sie von der Strickleiter? Er hatte doch nichts erzählt.

Samira lächelte. „Ich habe sie im Stern gesehen. Für diesen Weg bin ich zu alt, du musst allein weiter gehen." Sie beugte sich über Hope und vergrub ihr Gesicht in das Fell der Wölfin. Als sie sich wieder aufrichtete, schimmerten ihre Augen feucht.

Sie zerbröselte Kräuter in den Topf, der schon mit kochendem Wasser über dem Feuer hing. Sie stellte ihn zur Seite und holte aus den Tiefen des Korbes eine Handvoll Nüsse heraus.

„Wir sollten uns stärken. Morgen wird ein harter Tag."

21. Dezember

Frierend wachte Erid früh am Morgen auf. Das Feuer war erloschen. Er
stocherte in der Asche herum und fand noch etwas Glut, die er pustend

anfachte. In die aufflackernde Flamme schob er trockenes Moos und als es brannte, legte er dünne Äste darauf. Inzwischen war Samira aufgestanden und hatte Schnee in ihrem Topf gesammelt, den sie dann über dem Feuer schmolz.

Das Gespräch des Vortages bedrückte Erid. Schweigend aßen und tranken sie. Die Hoffnung der letzten Tage war verschwunden, ebenso wie die Musik. Musste er wirklich alleine weiter?

Bittend sah er Samira an, doch die schüttelte nur den Kopf. „Ich habe mein Ziel erreicht. Nimm das hier!" Sie reichte ihm ihren Korb mit den Vorräten, den Kräutern und ihrem Topf.

„Das brauchst du selbst!"

„Nicht mehr." Sie lächelte verklärt, als ob sie schon in einer anderen Welt weilte.

Sie half ihm, die Strickleiter hochzuziehen und Hope daran festzubinden. Gemeinsam ließen sie die Wölfin langsam in die Schlucht hinunter. Er schwieg noch immer, weil ihm die Worte des Dankes und des Abschieds fehlten. Schließlich packte Erid die Welpen in seinen Sack und hing ihn über den Rücken.

Samira umarmte ihn. „Du wirst dein Glück finden. Ich habe es in den Sternen gesehen. Folge Hope!"

„Bitte, komm mit!"

Sie schüttelte ihren Kopf, drehte sich um und verschwand im Wald. Eine Weile starrte Erid ihr nach.

Als Hope bellte, besann er sich und kletterte vorsichtig die Leiter hinunter. Den Korb hatte er sich über einen Arm gehängt. Einmal verlor er fast den Halt, weil sein Sack ihn zu weit nach hinten zog. Im letzten Augenblick bekam er einen Felsvorsprung zu fassen und balancierte die Strickleiter aus. Nachdem sich sein Herzschlag wieder beruhigt hatte, tastete er sich weiter. Am Grund setzte er das Gepäck ab und befreite Hope.

„Jetzt sind wir wieder allein." Er vergrub sein Gesicht in ihrem Fell. Am liebsten hätte er sein Elend herausgeschrien. Sollte er lieber umkehren und bei Samira bleiben? Die Welpen leckten seine Hände; er richtete sich auf und tätschelte sie.

„Meine Gute, du musst mir tragen helfen." Er schnallte den Sack auf Hopes Rücken. Die Wölfin lief vornweg, gefolgt von den Welpen.

Im Wald kamen sie gut voran. Doch am Waldsaum weitete sich die Schlucht und vor ihnen lag eine verschneite Ebene. Hope sprang trotz des Gepäcks weiter. Erid folgte, versank aber gleich beim ersten Schritt hüfttief. Hope kehrte um, stupste ihn an und lief zwei Schritte zur Seite. Dort wartete sie auf ihn.

Erid befreite sich aus dem Schnee, nur um gleich wieder einzusinken. Schließlich erreichte er Hope und dort war der Schnee so stark verharscht, dass er ihn trug. Er folgte Hope, ohne sich zu fragen, wohin sie lief. Langsam glaubte er an Wunder. Doch gegen Mittag schwand mit seiner Kraft auch seine Hoffnung mehr und mehr. Er kam immer langsamer voran, verlor Samiras Laufrhythmus. Zudem weichte der Schnee auf und er sank wieder ein.

Hope schaute ihn ein paar Mal fragend an. Schließlich lief sie weiter, ohne zu warten. Erid blieb erschöpft stehen. Bei dem Gedanken an Samira kamen ihm die Tränen. So einsam wie jetzt war er nach Irins Verlust gewesen.

Endlich tauchte Hope in weiter Ferne auf. Erid atmete erleichtert auf und kämpfte sich voran, bis er sie erreichte. Sie führte ihn zu einem trockenen Felsen, dort drehte sie sich um ihre Achse, legte sich hin und rollte sich ein.

„Du willst eine Pause machen?" Er setzte sich neben sie und kramte einige Speckseiten aus dem Korb, die er mit den Welpen teilte. Danach setzte er die Jungtiere auf seinen Schoß und wärmte seine Hände in ihrem Fell. Die Wölfin spitzte die Ohren, sie schien die Melodie zu hören genau wie er. Auch Erid lauschte und fand Trost in den sanften Klängen. Vor ihm leuchtete die Ebene rot.

22. Dezember

Erid erwachte am nächsten Morgen noch vor Sonnenaufgang. Das Feuer war erloschen und er fror.

Er schälte sich aus den Fellen. „Komm, meine Gute, wir müssen weiter." Mit klammen Fingern packte er seine Habseligkeiten zusammen.

Als er Samiras Teesäckchen in den Händen hielt, durchdrang ein bitterer Schmerz seine Seele. Samira. Sie war jetzt bereits in einer anderen Welt. Zärtlich drückte er den Beutel an sein Gesicht und sog den würzigen Kräuterduft ein. Ihren Duft. Nein, er weinte nicht. Sie würde es nicht wollen. Mühsam kämpfte er die aufsteigenden Tränen nieder, band Hope das Bündel auf den Rücken und hob den Korb auf.

„Kommt!" Er stapfte los, ohne sich noch mal umzublicken.

Hatte er sich je einsamer gefühlt? Selbst damals, als er Irin verloren hatte und ganz alleine war, war es nicht so schlimm gewesen wie jetzt. Damals hatte er mit allem abgeschlossen, sich seinem Schicksal gefügt und nur noch stumpf vor sich hin gelebt. Gefühle waren nur eine verschwommene Erinnerung gewesen; etwas, was er weit von sich geschoben hatte, weil es nur noch Schmerz zu fühlen gab.

Dann war Hope gekommen, hatte ihn aus seiner Trostlosigkeit erweckt und neuen Mut gegeben. Und Samira. Eine menschliche Seele in all dieser eisigen Düsternis. Wie ein Verdurstender hatte er ihre Zuversicht aufgesaugt und daraus Kraft geschöpft. Jetzt war er wieder alleine. War es nicht viel schlimmer, etwas zu verlieren, als es nie kennen gelernt zu haben? Wäre es nicht besser gewesen, wenn er nie aus seiner Höhle gekrochen wäre und sich auf diese Reise gemacht hätte? Dann litte er jetzt nicht diesen Kummer. Mit jedem Schritt wurde er wütender auf sich selber. Wäre er doch nie hierher gekommen!

Die kleinen Wölfe hatten Mühe, Hope zu folgen. Sie sanken immer wieder in den Schnee ein und schließlich blieben sie winselnd in einer Schneewehe stecken.

„Na kommt schon, ihr beiden", knurrte Erid, „ich trage euch ein Stückchen."

Er blieb stehen und stopfte umständlich die durchgefrorenen Welpen in seine Jacke. Sie kuschelten sich an seine Brust und versuchten, unter seine Achseln zu kriechen.

„He, ihr zwei! Das kitzelt! Hört auf damit", rief Erid in seine Jacke hinein, doch die Welpen schienen völlig unbeeindruckt. Sie knufften einander und versuchten, sich gegenseitig in die Ohren zu zwicken. Gegen seinen Willen musste Erid lächeln. Diese kleinen Wölfe waren einfach unverwüstlich: hungrige Waisen, zitternd vor Kälte und auf einer Reise, deren Sinn sie nicht verstanden. Und dennoch waren sie guter Dinge und begnügten sich mit dem, was sie hatten und waren schon zufrieden, wenn Erid und Hope bei ihnen waren.

Erid schluckte. Wie töricht er doch war. Was brauchte er denn mehr als Hope, seine Hoffnung, und die Kraft seines Herzens? Samira war immer so zuversichtlich gewesen; war es nicht Verrat an ihr, wenn er jetzt den Mut sinken ließ?

„Zeit, euch beiden Namen zu geben", sagte er zu den Wölfen. Er überlegte. „Du da", er deutete auf den kleinen Rüden, „du sollst ab heute ,Life' heißen." Er kraulte das Weibchen am Ohr. „Und du heißt ,Faith', denn ich glaube an das Leben. Ich will dran glauben, was bleibt mir sonst anderes übrig?"

Mit neuer Kraft machte er sich wieder auf den Weg. Er stapfte weiter der Melodie entgegen, während Life und Faith an seiner Brust schlummerten und Hope ihm den Weg wies.

Es war fast Mittag, als er die Spur bemerkte. Zunächst hielt er es für eine einfache Tierfährte, die genau auf seinem Weg lag, doch am Abend bestand kein Zweifel mehr. Er folgte einer Menschenspur.

Jemand in Schneeschuhen ging vor ihm. Jemand, der leichter war als er, vielleicht ein Kind oder eine Frau. Und dieser Jemand war langsamer als er, denn je länger er der Spur folgte, desto deutlicher wurde sie. Wenn er in diesem Tempo weiter ginge, würde er ihn schon am nächsten Tag eingeholt haben.

23. Dezember

Erid wanderte bis zum Einbruch der Dunkelheit. Die Spuren vor ihm hielten so wie er selbst die Richtung zum rosaroten Schimmer am Ende des Tals. Mittlerweile war er mit Hope durch einen Wald hindurch wieder an eine baumfreie Ebene gelangt. Vorausschauend sammelte Erid ein Bündel Holz, bevor sie weitergingen.

Die Welpen schliefen ungerührt immer noch in der Wärme seiner Jacke. Der Schnee war pappig, obwohl in der Dämmerung die Kälte anzog. Seine Füße schienen sich am Boden festzusaugen, jeder Schritt war eine Qual.

Er blieb müde stehen. „Na, Hope, wollen wir für heute Feierabend machen?" Er ließ sich zu Boden sinken und betete, dass es ihm wie Samira gelänge, in wenigen Minuten Feuer zu machen.

Sanft setzte er Faith und Life zu Boden. Sie gähnten mit einem Jaulen, streckten und beutelten sich, hüpften um Hope herum, die sich lang ausgestreckt hatte.

Aus einer Innentasche zog Erid ein Stück des Zunderschwamms, das er in einem ledernen Säckchen wie seinen Augapfel hütete. Aus einer anderen Tasche holte er den Feuerstein und den Markasit. „Na, dann wollen wir mal." Sorgfältig legte er einen kleinen Klumpen der Zunderfasern auf ein Häufchen dünner Äste, um die er ein paar größere Zweige geschichtet hatte. Dann spuckte er in die Hände und schlug die beiden Steine dicht über dem Zunder schleifend aufeinander. Ein paar Funken sprangen, jedoch nicht genug. Bald schnaufte Erid vor Anstrengung, ihm wurde sogar heiß. Ob vor Wut oder wegen der Mühe wusste er nicht so genau. „Scheißdreck!", brüllte er schließlich. Hope stellte die Ohren auf und knurrte. „Ja, ist schon gut, meine Schöne. Man wird ja noch ein wenig fluchen dürfen. – Mist, verfluchter! Ein Königreich für ein paar lächerliche Zünder!" Der Rücken schmerzte von der gebückten Haltung; mit einem weiteren Wutschrei stand Erid auf, streckte sich durch.

„So geht das auch nicht."

Wie von der Tarantel gestochen fuhr er herum. Er erstarrte.

Sie sah beinahe aus wie Irin. Sein Herz schlug hart, er konnte es pochen hören. „Wer bist du?" Seine Stimme klang heiser.

„Miriam."

Hoch wölbte sich ihr Bauch unter dem Cape. Offensichtlich bemerkte sie seinen Blick. „Gut, dich nun an meiner Seite zu haben. Und jetzt machen wir Feuer." Sie kauerte sich breitbeinig hin.

Während sie die Steine schlug, sodass große, helle Funkensterne auf den Zunder sprangen, starrte Erid sie immer noch an. Dunkle Locken quollen aus der Kapuze, ihre Nase war schmal, darunter volle Lippen. Hohe Wangenknochen, ein Grübchen am Kinn.

Schon flackerten die Fasern, dann die Zweige und in wenigen Minuten brannten auch die dicken Äste an. Miriam sah zu Erid auf und streckte den Arm aus. „Willst du mir nicht helfen?"

Er stolperte auf sie zu und half ihr auf die Beine. „Wo kommst du her?"

Sie wies mit dem Daumen hinter sich.

„Und wo willst du hin?"

„Zum Licht des Lebens. Ich war auf dem Weg, dann hörte ich einen brüllen wie vom Affen gebissen." Sie grinste Erid an. „Nun bin ich froh, die Nacht nicht allein ... Es treibt sich allerhand herum hier."

Die Welpen zupften an Miriams Cape. „Scht, wollt ihr wohl aufhören." Sie raffte den Saum.

Erid sah sich nach allen Seiten um. „Was meinst du damit?"

„Manche wollen das Licht auslöschen."

Er half Miriam in eine bequeme Sitzhaltung, angelehnt an seinen Rucksack. Sie seufzte, es klang dankbar.

„Was ist das Licht des Lebens?"

Das Feuer knackte und prasselte wohltuend. Hope legte ihre Schnauze auf Miriams Schuh und die jungen Wölfe krochen unter ihren Rock.

„Lange vor der Katastrophe wurde in diesem Tal ein Komplex er-
richtet, in dem es sämtliche Einrichtungen gibt für den Fall, dass es einmal
einen Crash geben könnte. Natürlich wurde das Projekt geheim gehalten.
Es sollte den sogenannten oberen Zehntausend zur Verfügung stehen, um
ihr Leben zu sichern. Die Mutanten möchten es vernichten."

Erid kaute auf seinem Streifen Speck herum.

„Schluck endlich, der ist schon Brei."

Folgsam würgte er den Bissen hinunter. „Wieso weißt du davon?"

„Mein Vater war einer der Entwickler." Sie verzog das Gesicht, griff
sich auf den Bauch.

„Geht es los?" Erid sprang auf, fuhr sich durchs Haar.

Doch Miriam schüttelte den Kopf. „Nur eine kleine Wehe. Aber bald.
Und dann möchte ich dort sein."

„Werden wir denn hinein gelassen?"

„An meiner Seite schon." Sie lächelte.

Sein Blick streifte über ihren Leib. „Was ist mit dem Vater deines Kin-
des?"

24. Dezember

Als Antwort zog sie die Schultern hoch.

Beschämt über seine Gedankenlosigkeit stand Erid auf und lief ein paar Schritte im Halbkreis, als müsse er das Lager sichern. Es gab keine harmlosen Fragen in dieser Zeit.

Die Wölfin folgte mit der Bewegung ihres Kopfes seinen Schritten, blieb aber liegen. Aus den Augenwinkeln sah er, dass Miriam sich tief herabbeugte und etwas zu ihr zu sagen schien, während sie mit einer Hand im Fell spielte. Wieder eine Frau, die seine Hope besser verstand als er selber.

Er ging zurück, warf noch ein paar Äste in die Flammen und wickelte sich in seine Felle. Miriam saß bewegungslos auf der anderen Seite des Feuers und er wagte nicht, ihr die Wärme seiner Nähe anzubieten. Bevor er einschlief, schien ihm, er könne die Melodie deutlicher hören: Es war mehr ein Summen; kein Instrument, an das er sich erinnerte, konnte diese Töne hervorbringen.

Er erwachte irgendwann in der Finsternis. Miriam kniete laut stöhnend im Schnee und krümmte sich vor Schmerz.

„Verdammt!" Erid sprang auf.

Heftig atmend hielt sie ihm eine Hand hin und er half ihr auf die Füße.

„Gehen wir; das Licht zeigt uns den Weg."

Aber um ihren Lagerplatz herum war es stockfinster. Erid musste sie loslassen, um die Glut neu zu entfachen. Er packte ihre Habseligkeiten zusammen und schnallte Hope einen Teil des restlichen Holzes auf den Rücken.

Dann zündete er einen langen Ast an, damit sie wenigstens ein Stück des Weges sahen, wohin sie traten.

Miriam zu stützen, während er in der anderen Hand die Fackel hielt, erwies sich als schwieriger, als er sich vorgestellt hatte. Fast war er froh, als der Ast bald heruntergebrannt war und er ihn wegwerfen musste.

Immer wieder trat einer von ihnen fehl, versank im tiefen Schnee; immer wieder mussten sie minutenlang anhalten, wenn der Schmerz Miriam überwältigte. Als schließlich der erste graue Schimmer den Morgen ankündigte, schien es, als seien sie Stunden gelaufen und doch dem Licht nicht näher gekommen.

Wieder trat Miriam fehl. Es gab ein seltsames Geräusch, als sie umknickte, und sie schrie auf. „Ich kann nicht mehr laufen!" Sie keuchte vor Schmerzen.

Erid nahm sie auf die Arme, aber nun sah er nicht mehr, wohin er seine Füße setzte. Er orientierte sich an der Spur der Wölfin, aber Hope sank nicht so tief ein wie er und konnte springen. Nach wenigen Schritten stolperte er über irgendetwas, das im Schnee verborgen lag und sie stürzten beide. Hope stupste Miriam an, dann umkreiste sie sie winselnd und jaulend.

Erid blickte dorthin, wo sich der gelbliche Schein der ersten Sonnenstrahlen mit dem Leuchten des geheimen Komplexes vermischte. Tränen froren an seinen Wimpern fest. „Das schaffen wir nie!"

Miriam ächzte. „Geh allein. Hol Hilfe!"

Er richtete sich auf. „Du hast gesagt, sie ließen mich an deiner Seite ein."

„Sag ihnen ..." Sie biss die Zähne aufeinander und schloss die Augen.

Eine Bö wirbelte den Schnee auf und überzog sie mit einer feinen Schicht. Automatisch wischte Erid sich über die Kleider.

„Sag ihnen, Jaguttis' Tochter ist hier draußen."

„Ich kann dich nicht allein lassen!"

„Nett, dass du mit mir zusammen sterben willst." Unfassbar, sie konnte noch spotten.

Miriam stemmte sich hoch. „Dann lass deine Wölfin bei mir."

Ratlos sah er zwischen Miriam und dem Licht hin und her und versuchte abzuschätzen, wie weit es war. Doch die Weite verschneiter Ebenen täuschte immer.

Schließlich schnallte er sich seinen Sack mit den Fellen vom Rücken und baute daraus mitsamt Miriams eigener Decken ein Lager, das sie warm halten konnte. Anschließend schichtete er das Holz auf; aber wieder war es Miriam, die es zum Brennen brachte. Er schmolz Schnee in Samiras Kessel und kochte Tee. Währenddessen zog sie sich ihre Schneeschuhe von den Füßen.

Dann stand er da und sah zu, wie sie trank.

Sie lächelte ihn durch den Dampf an, der aus ihrem Becher stieg. „Beeil dich."

Tränenblind lief er los. Jetzt, erneut die Schneeschuhe angeschnallt, kam er flott voran. Die Wölfe folgten ihm; Hope laut bellend, die Welpen winselnd und jaulend. Erid blieb stehen, steckte die Welpen in seine Jacke und rannte zurück.

Am Feuer packte er Hope und drückte sie an Miriams Seite in den Schnee. „Du musst hier bleiben."

Hope winselte, aber sie legte gehorsam ihren Kopf auf die Decken. Erid setzte die Welpen ab, sah noch einmal in Miriams lächelndes Gesicht und machte sich wieder auf den Weg.

Die Sonne schien von einem wolkenlosen Himmel und wärmte ihm bald das Gesicht, als kündige sie schon den Frühling an. Erid dankte allen Göttern, die ihm einfielen, dass Miriam wenigstens von den Launen des Wetters verschont blieb. Am Nachmittag taute die oberste Schneeschicht an und wurde bald so brüchig, dass er trotz der Schneeschuhe immer wieder tief einsank. Er suchte sich einen Pfad über verharschte Stellen.

Links und rechts seines Weges rückten die Berge näher. Er lief langsamer und lauschte auf die Geräusche, die von ihnen kamen, musterte die Hänge, auf der Suche nach Hinweisen, die ihn rechtzeitig vor einer Lawine warnen würden.

Stunden später stand er endlich am Ende des Tals; es verengte sich zu einer Klamm, nur wenige Schritte breit. Wenn es einen Pfad gab, der weiter führte, so war er unter dem Schnee verborgen. Dahinter, vielleicht hundert Meter tiefer, ragten in einem Kessel Artefakte menschlicher Bautätigkeit aus dem Schnee. Ein sonores Summen erfüllte den Kessel und der Schnee an den Hängen war in rötliches Licht getaucht.

Erid nahm die Arme über den Kopf und ließ sich dann fallen. Seine Hände fingen die meisten Stöße ab, während er den Hang hinunterrollte. Trotzdem schlug er am Ende mit dem Kopf irgendwo gegen und blieb benommen liegen.

Der Boden unter ihm vibrierte. Was auch immer diese Anlage war, sie war in Betrieb. Aber dass niemand von seiner Ankunft Notiz nahm, was bedeutete das?

Erid stand auf und klopfte sich den Schnee ab, während er sich umsah. Weiße Mauern in unterschiedlicher Höhe, glatte undurchdringliche

Flächen. Es wäre nur logisch, dass man diese Gebäude aus der Luft erreichte und es deshalb nur in den Dächern Eingänge gab. Trotzdem machte er sich auf den Weg, den Komplex zu umrunden. Es gab nichts, was er sonst tun konnte. Er fragte sich, ob Miriam noch lebte. Aber dann verscheuchte er den Gedanken an sie; er führte zu nichts.

Die Berge warfen ihre langen Schatten in die Tiefe des Kessels, als er wieder auf seine eigene Spur traf.

Es war sinnlos! Er hockte sich in den Schnee und barg den Kopf in den Armen. Wenn dies das Ziel seiner langen Reise gewesen war, so hatte sie ihn in den Tod geführt. Erid legte sich hin und rollte sich zusammen. Nun, da er alles verloren hatte, war er bereit, sich zu ergeben.

Von oben kam ein sirrendes Geräusch; Erid fuhr hoch. Was dort in der Dämmerung plötzlich vom Dach ragte, erinnerte ihn an einen Kran. Zwei Scheinwerfer waren auf ihn gerichtet und blendeten ihn. Er schlug die Hände vors Gesicht; das Licht schimmerte rötlich zwischen seinen Fingern hindurch.

Eine Frauenstimme erklang. „Wer bist du?" Sie wurde durch den Lautsprecher verzerrt und doch klang sie wie Irins Stimme.

„Erid", stammelte er. Dann fiel ihm ein, dass sie ihn wohl nur hören konnten, wenn er schrie. „Jaguttis' Tochter ist dort draußen und braucht Hilfe."

Zuerst passierte nichts. Er rief seine Worte noch einmal in dem Glauben, sie hätten ihn nicht gehört. Plötzlich tauchten drei Hubschrauber mit grellen Suchscheinwerfern über dem Gebäudekomplex auf. Er winkte und zeigte in die Richtung, aus der er gekommen war.

Er ließ sich wieder fallen und weinte, blind und taub für das, was um ihn herum geschah.

Sie würden Miriam finden und sie retten.

ENDE

Über die Autorinnen

Der Adventskalender ist eines der Werke, die von mehreren Autorinnen der Gruppe „Schreibwerk" gemeinsam verfasst und zuerst online veröffentlicht wurden. Für die E-Book- und Druck-Ausgaben wurde dieser Text überarbeitet und bebildert.

Ein weiteres Werk ist der Fantasy-Roman „Das Feuerpferd".

Annemarie Nikolaus: http://www.annemarie-nikolaus.de/
Annette Paul: http://probeschmoekern-annette-paul.blogspot.de/
Tine Sprandel: http://www.asprandel.de/
Elsa Rieger: https://www.elsarieger.at/
Sigrid Wohlgemuth: http://bit.ly/333HP2f
Renate Hupfeld: http://www.renatehupfeld.de/
Evelyn Sperber-Hummel: https://woerterwegerich.wordpress.com/

Unsere Empfehlungen:

Königliche Republik. Historischer Roman von Annemarie Nikolaus. Taschenbuch ISBN 9782902412471. Und E-Book

1647: Neapel erhebt sich gegen die spanische Herrschaft. Die junge Patriziertochter Mirella Scandore verliebt sich in Alexandre de Montmorency, einen Offizier des neuen Dogen. Dennoch deckt sie ihren Bruder,

der sich gegen die junge Republik verschworen hat. Aber dann plant er ein Attentat auf den Dogen, bei dem unweigerlich auch Alexandre getötet würde ...

Albtraum der gestohlenen Gefühle: Anthologie von Annette Paul. E-Book

Sieben nachdenkliche Kurzgeschichten über den Traum vom ewigen Leben, einen Nachbarschaftsstreit und eine Gesellschaft ohne Gefühle.

LiebesWellen. Roman von Elsa Rieger. Taschenbuch ISBN 978-3740734329 . Und E-Book

Triest im Mai. Der Amerikaner Dennis trifft die Italienerin Undine und gerät in den Sog eines dunklen Familiengeheimnisses. Sie ist eine Nixe, sagt sie. Sie zerschneidet sich die Brüste, singt in einer fremdartigen Sprache, leidet unter ‚Halluzinationen', unverständlich für sie selbst, für ihn.

Rauschgoldengel und Lamento. Anthologie von Evelyn Sperber-Hummel. E-Book.

Heiter: lustloser Weihnachtsmann, Zimtsterne und ein nackter Engel. - Besinnlich: eine milde Gabe, traumhafte Reise und ein Weihnachtskaktus. - Aufmüpfig: ein cooler Jüngling.

Theodor Althaus (1822 - 1852) – Revolutionär in Deutschland. Biografie von Renate Hupfeld. Taschenbuch ISBN 9783942594172 und E-Book

Schicksalhafte Verwicklungen im Leben eines außergewöhnlichen jungen Mannes im Deutschland des Jahres 1848. Für den Theologen, Schriftsteller und Journalisten Theodor Althaus endet der Kampf um Freiheit und demokratische Prinzipien im Gefängnis.

Bis am Baum die Lichter brennen. Weihnachtsanthologie von Sigrid Wohlgemuth. Taschenbuch. ISBN 9783951990736

Alle Jahre wieder geben wir unsere Wunschzettel ab. Doch was passiert dann im Hintergrund, bis am Baum die Lichter brennen?

Nölle – der Glücksengel. Weihnachtsgeschichte von Tine Sprandel. E-Book für jedes Alter.

Glück verschenken, wie geht das? Der unerfahrene Nölle will sofort nach seiner Landung auf der Erde Gutes tun. Doch der missmutige Xavier hält ihn für einen Schmetterling und fängt ihn für seine Sammlung. Nölle wehrt sich nach Kräften. Ob es ihm gelingt, dem alten Griesgram sogar ein bisschen Glück zu bescheren?